青蓝工程
学科教案评析系列

全国优秀学科教案评析

QUANGUO YOUXIU XUEKE JIAO'AN PINGXI

高中语文

GAOZHONG YUWEN

教育部教育管理信息中心 组编

西南师范大学出版社
全国百佳图书出版单位 国家一级出版社

图书在版编目（CIP）数据

全国优秀学科教案评析．高中语文／教育部教育管理信息中心组编．—重庆：西南师范大学出版社，2017.10

ISBN 978-7-5621-8991-6

Ⅰ.①全… Ⅱ.①教… Ⅲ.①中学语文课－教案（教育）－高中 Ⅳ.①G633

中国版本图书馆 CIP 数据核字（2017）第 240315 号

青蓝工程系列丛书

编委会主任： 曹志祥　周安平

策　划： 森科文化

全国优秀学科教案评析·高中语文

教育部教育管理信息中心　组编

责任编辑： 胡君梅　万珊珊

特约编辑： 沈倩倩

封面设计： 天之赋设计室

出版发行： 西南师范大学出版社

地址：重庆市北碚区天生路 1 号

邮编：400715　市场营销部电话：023－68868624

http：//www.xscbs.com

经　　销： 新华书店

印　　刷： 重庆市正前方彩色印刷有限公司

开　　本： 720mm×1030mm　1/16

印　　张： 15

字　　数： 261 千字

版　　次： 2018 年 1 月　第 1 版

印　　次： 2020 年 10 月　第 2 次印刷

书　　号： ISBN 978-7-5621-8991-6

定　　价： 45.00 元

前　言

教育信息化是国家信息化的重要组成部分，具有基础性、战略性、全局性的地位。党的十八届三中全会提出了深化教育领域综合改革和加快推进教育信息化的明确要求；习近平总书记强调“没有信息化就没有现代化”。“以教育信息化带动教育现代化”是推进我国教育事业改革与发展的战略选择，也是教育信息化促进教育公平、提升教育质量的有效途径。国务院总理李克强也在政府工作报告中提出，“制定‘互联网＋’行动计划”，再次掀起了互联网热潮，包括互联网教育在内的新业态正在形成。

为了在中小学教师中普及信息技术，提高广大教师在课堂教学中正确运用互联网、高效率地利用优质网络教育资源的能力，教育部教育管理信息中心自2009年起组织开展了四届全国中小学“教学中的互联网应用”优秀教学案例评选活动。活动得到了各级教育行政部门、各地教育信息中心、电教馆的大力支持，学校积极组织、教师踊跃参与。在全国35个城市举办了47场培训活动，免费培训指导教师近20000人，总共收到全国30个省、市、自治区的近36万余份教学案例，涵盖了小学、初中、高中各个学科，这些作品都经过了教师们的认真构思、设计、实践、反思过程，真实地反映了课堂教学现状和教师的专业水平。最终，评选出各年段、各学科的优秀作品。这些作品较好地体现了教师在教学中对互联网的应用，具有较高的参考价值和借鉴意义。活动结束后，很多中小学校和教师来电来函希望将大赛优秀作品集结成册进行出版，以方便中小学一线教师进行查阅、学习和交流。为此，我们本着精益求精的原则，在所有获奖作品中，分别遴选出小学、初中、高中各个学科的优秀作品，并邀请专家对这些作品逐一加以点评，汇集成册。

衷心希望这些优秀作品的出版能够促进信息技术与教学的深度融合，加强交流与分享，为教与学的变革和教师的专业化成长提供参考！

编者

2015年12月

目 录

一个“愁”字，别样愁情
——《虞美人》与《一剪梅》比较阅读教案及评析

蔡　兢[①]

教学背景

教学课时：1课时

教学准备：

1. 学生：预习教材内容，了解作者生平、创作背景，扫除生字障碍。
2. 教师：利用互联网搜索相关资料，制作多媒体课件。

教学目标

1. 知人论世，缘景明情，感受作者内心深处难以排遣的愁情。
2. 通过比较阅读，探究艺术手法的精妙，提高审美情趣。
3. 激情投入，合作探究，赏析古典诗词的美。

教材分析

《虞美人》是南唐后主李煜生命中的最后一首词，被称为他的“绝命词”，也是千古流传的名篇。本词将他的那种亡国之痛表达得淋漓尽致。《一剪梅》是宋代女词人李清照的作品，作于词人与丈夫赵明诚离别之后，表达了词人的一腔愁情。这节课旨在通过对这两首词的学习来分析诗词的写作技巧，从而达到鉴赏诗词的目的。

教学重难点

1. 知人论世，感受作者内心深处难以排遣的愁情。

---

① 蔡兢，陕西省西安市周至县第一中学。

2. 探究古诗词中的写愁艺术。

教学方法

本课采用多媒体教学法、诵读法、比较阅读法、合作探究法。

教学过程

一、创设情境，导入《虞美人》

师：公元 976 年春天，金陵城下大兵压境，杀声震天。宋军的铁蹄踏破了美丽的南唐国都。南唐后主李煜脱去了身上那件穿了 15 年之久的金光闪闪的龙袍，带领南唐官员于崇元殿向宋军投降。同年，赵光义即位，史称宋太宗。沦为阶下囚的亡国之君更为悲苦的日子在新皇帝即位后才真正开始。

公元 978 年七夕之夜，李煜回想九五之尊的荣耀，念及锦衣玉食的生活，目睹一轮明月，吟唱了一曲悲苦绝望之词。

今天就让我们一起来欣赏他的“绝命之作”《虞美人》。(板书课题及作者)

二、整体诵读，感受音韵美

1. 师：黎巴嫩作家纪伯伦说：“诗不是一种表白出来的意见，它是从一个伤口或是一个笑口涌出的一首歌曲。”

古典诗词是可以吟唱的，也特别适合朗诵。我们来有感情地朗读这首词。

2. 学生诵读，师生评价。

3. 教师指导朗读。

提示：入情入境地读，一定要把握整体的感情和局部的重音；要读出幽怨、悲伤、无奈、悔恨的味道；注意声调的起伏变化、高低强弱，节奏的快慢；读准能体现词人内心痛苦的关键词。

4. 教师播放配乐范读。(播放《虞美人》朗诵视频)

5. 学生配乐齐读。(播放《渔舟唱晚》音频)

三、导入《一剪梅》，明确两首词的感情基调

1. 师：光阴荏苒，在李煜被毒杀一百多年后，在一个秋风萧瑟的时节，新婚不久的赵明诚在山东青州收到友人书信，约他到泰山访古。丈夫负笈远游，李清照不忍别离，于是写下了一首表达思念丈夫的词。下面我们就一起来聆听李清照的闺怨之词《一剪梅》。(板书课题及作者)

2. 学生朗读，师生评价。

3. 教师播放配乐范读。

4. 学生有感情地朗读这两首词，并体会两首词表达的情感。

5. 师：大家都读得非常有感情。这两首词表达了什么共同的情感？（愁）同是写愁，但是它们愁的内容不同，表达的愁情也不同。用一句话来概括就是：“一个‘愁’字，别样愁情”。那么，这别样的愁情到底是什么呢？下面我们一起走进词人的内心世界，以合作探究的方式到词中去寻“愁”。

四、合作探究，词中寻“愁”

1. 教师出示探究题。

（1）结合具体词句分析：这两首词是如何来言愁的？运用了哪些手法？

（2）这两首词表达的感情有何不同？

2. 学生合作探究。（注意探究的内容、要求、目标）

3. 学生讨论并展示。

题目	探究 1	探究 2
展示	第 1 组、第 2 组、第 4 组、第 6 组、第 8 组、第 9 组	第 3 组、第 5 组、第 7 组
地点	后黑板	前黑板

要求：书写认真、迅速，答案简洁、规范。各小组组长结合词句具体讲评分析，其他学生补充、质疑。

4. 教师总结这两首词的异同。

（1）从表现手法方面分析。

相同点：借景抒情、以乐衬哀、虚实结合、直抒胸臆、化抽象为具象。

不同点：《虞美人》用了比喻，在对比中言情；《一剪梅》用了描摹，在描写中融情。

（2）从感情内涵方面分析。

《虞美人》表达的是一种哀愁、一种亡国思乡之痛，我们概括为“国愁”；《一剪梅》抒发的是一种离别相思而不得见的闲愁，是一种离别相思之苦，我们概括为“家愁”。

相比较而言，二者的愁都是无穷无尽、挥之不去的，具有“绵长”的特点。可是从愁的程度来说，前者浓重，后者轻淡；从愁的形态来说，前者是汹涌澎湃的，后者是萦回柔婉的。真是“一个‘愁’字，别样愁情”！

5. 学生深情朗读。

师：通过理性分析，我们了解了这两种愁情。我们再来读一读这两首词，进一步体会其中的愁。（学生朗读）

师：大家的朗读，让我们感受到了词作特有的音韵美及其包含的深深的愁情。

6. 学生发言，教师总结。

师：根据今天我们鉴赏这两首词的过程，谁来总结一下鉴赏诗词的思路？

总结思路：定基调—析手法—品感情。

五、拓展延伸，词外觅愁

师：历代写愁的诗词还有很多，你能举出一些例子吗？说出你的推荐理由。

小组讨论，一人执笔，小组长发言，师生共同点评。

六、课外写愁

仿照《一剪梅》填一首词，描写你所经历的一段“愁”。

七、课堂总结

师：今天我们用比较阅读的方法分析了《虞美人》与《一剪梅》这两首词，在诵读中体会到了诗词的音韵美；通过合作探究，体味到了“一个‘愁’字，别样愁情”。我们要感谢宋词，感谢我们伟大的词人，也感谢在座的同学们！这节课大家都表现得很积极，优秀小组有……优秀个人有……进步的有……

最后，请大家合上课本，静静地让你的心灵去旅行，在优美的歌声中结束这堂课！

（播放歌曲《几多愁》《月满西楼》。）

教学反思

本课我采用多媒体课件的形式，利用比较阅读的方法，引导学生学习两首有代表性的词，课堂容量较大。学生通过合作探究、激情展示，提高了学习的积极性，产生了学习兴趣。此外，我还在课堂上用视频以及音频辅助教学，给学生创设了诗词鉴赏的氛围，使学生能够深入作者内心感悟情感。学生不仅初步掌握了自主合作学习的方法，而且在一定程度上提高了鉴赏诗词的能力。本节课在校内的公开课讲评活动中受到一致好评。

（所获奖项：一等奖）

专家点评

在该教案中，教师充分利用多媒体资源（视频、音频等）来激发学生的学习兴趣，提高学生的学习积极性。在具体的教学过程中，通过教师指导朗读、教师示范朗读、学生齐读等多种方式来促进学生对这两首词的理解，进而为后续的教学活动提供了有力的支持。本课教学将《虞美人》与《一剪梅》进行比较阅读，教师通过引导分析，让学生体会到理解这两首词都要抓住一个“愁”字，体会不同的愁情。该教案体现了“以学生为主体、以教师为主导”的教学理念。课堂上，教师首先通过引导，促使学生对两首词形成基本的认识，接着布置任务——“结合具体词句分析：这两首词是如何来言愁的？运用了哪些手法？”“这两首词表达的感情有何不同？”让学生分组进行合作探究，在讨论中提升认识，在展示中掌握诗词的写作技巧，提高鉴赏诗词的能力，最后通过引导，让学生对诗词分析形成比较系统的认识。

值得注意的是，教师在各环节过渡中使用的语言非常美，让学生在语文课堂中受到了美的熏陶和感染，这充分体现了语文教学的渗透性。教师能够将互联网与教学实践完美地进行融合，使得整个教案更加立体、更加饱满。总体来说，这篇教案是非常优秀的。

（点评人：北京师范大学石家庄附属学校　米亚会）

英雄末路的悲剧

——《项羽之死》教案及评析

李卫华[①]

教学背景

教学课时：2课时

课前准备：

1. 学生：收集有关项羽的资料；熟读课文，能根据注释疏通课文大意，初步了解课文；回忆《鸿门宴》中项羽的性格及形象；根据课文提出疑问，并思考课后习题。

2. 教师：利用互联网搜索相关资料，制作多媒体课件。

教学目标

1. 积累文言文基础知识；通过三个场面，分析人物形象，培养阅读鉴赏文学作品的能力。

2. 把握文章内容，学习本文在矛盾冲突中刻画人物形象的写作方法；抓住人物情态，体味人物形象。

3. 运用历史唯物主义的观点，评价项羽之死；透过人物形象，认识社会，感悟人生。

教材分析

《项羽之死》节选自司马迁的《史记·项羽本纪》。学生已经学过《鸿门宴》一课，对项羽有了一定的认识，而这一形象的多面性在本文中更是得到了淋漓尽致的展现。项羽是《史记》中最有神韵的、具有悲剧审美意义的人物形象之一，本文节选部分围绕项羽这个悲剧人物，分别描写了垓下之围、

① 李卫华，河南省平顶山市第三高级中学。

东城快战、乌江自刎三个场面，多角度、多层次地展现了人物的性格，使项羽的形象跃然纸上：有诀别美人与名驹的血性柔肠，有感天怨时的自负自叹，有拼死决战的勇猛刚强，有乌江拒渡的知耻重义，有赐马赠头的豪侠意气。正如古人云："精神气血，无所不具。"正是由于人物本身性格的多重性，赋予了其丰富的审美意义，对学生的人生观也有一定的指导作用。

教学重难点

1. 把握项羽的性格特点。

2. 探讨项羽乌江自刎的原因，分析评价人物形象。

教学方法

本课主要采用自主学习法和合作讨论法，将读、说、写相结合，充分发挥学生的主动性，体现学生在课堂上的主体地位。

1. 自主学习法：课前让学生收集有关项羽的资料，准备在课堂上发言。

2. 合作讨论法：课堂交流之后，让学生品味文章词句，归纳总结司马迁的观点，并对此做一番自己的理解。

教学过程

第1课时

一、导入新课

（播放歌曲《霸王别姬》。）

导语：一曲豪迈而悲凉的《霸王别姬》似乎又让我们看到了那个被后人褒贬不一的西楚霸王。今天我们将走进项羽人生中的最后一段历程，透过司马迁凝练而生动的文字来感受这位末路英雄的悲情。

二、初步感知课文

1. 教师范读课文，引导学生纠正字音，感受文章气势。

2. 学生自读，明确目标。

（1）结合注释，疏通文意，确定重点词句，并加以理解和记忆。

（2）通过交流、讨论，解决心中的疑惑。

（3）提出问题，共同讨论解决。

（学生按照要求进行自主学习。教师巡视课堂，了解学生的学习情况，收集学生的疑难问题。）

三、知识积累

师生共同梳理文言文基础知识。

1. 重要字音。

垓（gāi）下	骓（zhuī）	数阕（què）	马骑（jì）
麾（huī）下	属（zhǔ）者	田父（fǔ）	绐（dài）
自度（duó）	刈（yì）旗	王（wàng）我	被十余创（chuāng）

2. 通假字。

（1）骑皆伏曰。（通“服”）

（2）乌江亭长檥船待。（通“舣”）

3. 古今异义。

（1）期山东为三处。（古义：山的东面；今义：山东省）

（2）地方千里。（古义：土地方圆；今义：某一区域）

4. 词类活用。

（1）项王军壁垓下。（名词作动词，本指军垒，此处为设营驻守的意思）

（2）夜闻汉军四面皆楚歌。（名词作动词，唱楚歌）

（3）项王则夜起。（名词作状语，在夜里）

（4）直夜溃围南出。（名词作状语，向南）

（5）身七十余战。（名词作动词，亲身参加）

（6）令诸君知天亡我。（动词使动，使……灭亡）

（7）纵江东父兄怜而王我。（名词使动，使……为王）

5. 特殊句式。

（1）项王则夜起，饮帐中。（状语后置）

（2）麾下壮士骑从者八百余人。（定语后置）

（3）骑能属者百余人耳。（定语后置）

（4）汉骑追者数千人。（定语后置）

（5）所当者破。（被动句）

（6）然今卒困于此。（被动句）

（7）天之亡我，我何渡为！（“何……为”，固定结构，由副词“何”与语气词“为”构成，用于询问原因或反诘，可译为“为什么……呢”“怎么……呢”等）

6. 翻译下列句子。

（1）汉皆已得楚乎？是何楚人之多也！

译文：汉军把楚人都征服了吗？他们那边楚人为什么这么多呀！

（2）骑能属者百余人耳。

译文：能跟随项羽的骑兵只有一百多人了。

（3）所当者破，所击者服，未尝败北，遂霸有天下。

译文：我所抵挡的敌人都被打垮，我所攻击的敌人无不降服，从来没有战败过，因而能够称霸，据有天下。

（4）天之亡我，我何渡为！

译文：上天要灭亡我，我还渡乌江干什么！

（5）吾闻汉购我头千金，邑万户，吾为若德。

译文：我听说汉王用黄金千斤、封邑万户悬赏征求我的脑袋，我送给你个人情吧。

四、布置作业

1. 复习巩固本课基础知识。

2.《项羽之死》给你什么启示？

第 2 课时

一、研读课文，分析人物形象

1. 导入。

学生讲述项羽起兵灭秦、鸿门宴的历史故事。

（教师板书：破釜沉舟；项庄舞剑，意在沛公；人为刀俎，我为鱼肉。）

（1）提问：在起兵抗秦、灭秦的战斗中，我们看到一个怎样的项羽？

项羽是一个____________________的人。（板书：能征善战、威风凛凛、不可一世）

（2）提问：在鸿门宴中，我们又看到了一个怎样的项羽？

项羽是一个______________的人。（板书：刚愎自用、优柔寡断）

（3）师：《项羽之死》选自《史记·项羽本纪》，记述了楚汉战争中的最后一战——垓下之战的过程以及项羽生命中最后的时刻。上一节课我们对这篇课文进行了文字梳理，这节课我们要跟随着太史公的笔触继续勾画描摹自己心目中项羽的形象。

2. 梳理情节。

提问：从司马迁的记载来看，垓下之战的过程可分为三个阶段，我们可以

用哪三个短语来概括这三个场景？（板书：垓下之围、东城快战、乌江自刎）

3. 整体感知人物形象。

提问：此时的项羽又是一个怎样的形象呢？

此时的项羽是一个______________________的人。

二、深入探究人物形象

司马迁通过垓下之围、东城快战、乌江自刎三个场景表现项羽无可奈何的失败和悲壮的死亡，不同的场景着重刻画了项羽形象的不同侧面，让我们一起细细品读这三个场景，使心中的项羽血肉丰满起来。

1. 垓下之围。

（1）教师范读第一自然段。

思考：

① 这段文字中最令人印象深刻的是什么场景？（项羽的慷慨悲歌）

② 这个场景为何会给你留下深刻的印象？

③ 这段文字展现了项羽什么样的性格？（侠骨柔肠）

④ 悲壮哀婉的《垓下歌》体现了项羽当时的心境，歌中只提到了美人和宝马，所以有人据此说项羽此时所心痛的只有美人和宝马，你们同意这种看法吗？为什么？

⑤ 此时最能表现项羽这种复杂心境的一个动词是什么？最能烘托当时悲凉气氛的语句是什么？

明确："泣"，极其传神地表现出项羽内心难言的情感。男儿有泪不轻弹，更何况是西楚霸王？"泣数行下"，这是司马迁笔下霸王第一次落泪，也是最后一次落泪，渲染出英雄末路的悲凉。"左右皆泣"，写尽了随从将士心中的不忍，也写尽了霸王的悲惨处境。

（2）学生诵读，结合对当时西楚霸王的心境的理解来读这首《垓下歌》。

2. 东城快战。

（1）学生自由朗读第二、三自然段。

思考：

① 这个片段又着重展现了项羽哪个侧面的形象？请大家仔细品味这两段文字，在最打动你的句子或词语旁边做点评。

（学生提出意见、看法、疑问及发现。）

② 项羽强调"此天之亡我，非战之罪也"（请学生翻译句子，并判断句式），你们能体会此时项羽的心理吗？

明确：项羽对自己的战斗能力充满自信，虽知失败已是定局，但仍然自负勇力。他到此刻仍不明白失败的真正原因，认为一切是天命的安排，感到不服气。

③ 项羽说“愿为诸君快战”，“快”是什么意思？（痛快、畅快，《琵琶行》中即有“快弹数曲”的用法）为什么说“快战”而不说“决战”？

明确：项羽已知自己必死无疑，“快战”表明项羽最后的战斗并不是为了战争的结果，而是为了痛快淋漓地展现自己的勇猛无敌，保住一世英名，是英雄落幕前最后的演出。“决战”则带有鱼死网破、进行最后的挣扎的味道，使项羽快意自负的形象荡然无存。

④ 你们认为项羽的这场快战有价值吗？为什么？这体现出项羽的什么心态和性格？

（学生讨论、回答。）

（2）学生齐读“吾起兵至今八岁矣……非战之罪也”。

（3）第三自然段中写到项羽有三次行动，请分别找出，从中可见项羽是个什么样的人？

三次行动：

① 第一次：项羽——大呼，驰下，斩汉一将；汉军——皆披靡。

② 第二次：项羽——瞋目而叱之；赤泉侯——人马俱惊，辟易数里。

（通过对比，表现出项羽的勇猛。）

③ 第三次：项羽——弛，斩汉一都尉，杀数十百人，亡两骑。

总结：三次行动从不同的角度表现了项羽如猛虎一般的气势和战斗力，英勇形象如在眼前。项羽的勇猛杀敌主要是向部下证明他的失败是“天之亡我，非战之罪也”，体现了项羽勇猛、自负的性格。（板书：勇猛、自负。）

3. 乌江自刎。

（1）学生齐读第四自然段。

（2）为什么项羽“欲东渡乌江”，却又在有船可渡的时候不渡了呢？由此反映出他的什么性格特征？

明确：亭长的话使项羽心中产生深深的“无颜见江东父兄”的羞愧之意，所以决定不渡乌江，从中体现了项羽知耻重义的性格。（板书：知耻重义。）

（3）在这段“乌江自刎”的描写中，还包含了一些小的情节。请同学们自读课文，用四字词语概括出这些情节。

（学生小组合作。教师板书：乌江拒渡、赠马亭长、赐头故人、自刎而死。）

（4）项羽在乌江边拒渡、赐马、赠头，表现了他的什么性格？（知耻重义）

4. 师生共同总结。

（1）板书整理。

故事	人物形象	语言	写法
垓下之围	侠骨柔肠	惊、起、饮、歌、泣	动作、语言、映衬
东城快战	勇猛自负	此天之亡我，非战之罪也。	动作、语言、场面
乌江自刎	知耻重义	我何面目见之？	神态、动作、语言、对比

（2）项羽的性格特征：项羽是一个侠骨柔肠、极度自负、知耻重义、心地仁善、勇武豪气的英雄豪杰。（可综合《鸿门宴》中对项羽的描写一起总结）

（3）司马迁对项羽的评价。

（4）历代诗人对项羽的评价。

① 胜败兵家事不期，包羞忍耻是男儿。（杜牧《题乌江亭》）

② 百战疲劳壮士哀，中原一败势难回。（王安石《乌江亭》）

③ 生当作人杰，死亦为鬼雄。（李清照《绝句》）

④ 宜将剩勇追穷寇，不可沽名学霸王。（毛泽东《七律·人民解放军占领南京》）

（5）名家看项羽。

（1）播放视频《百家讲坛》之《汉代风云人物 12：刘邦对手之谜》。

（2）播放视频《百家讲坛》之《王立群读〈史记〉之项羽（九）：四面楚歌》。

5. 学生活动。

（1）讨论：项羽是不是英雄？项羽该不该渡江？是否是“天亡项羽”？项羽为何失败？

（2）延伸：围绕话题“我看项羽”展开讨论，评价人物。

教师提示：评价历史人物，一要有理有据；二要将历史人物放到其生活的时代背景中去评价；三要在评价中获得经验教训，以启示今人。

评价要求：①100 字左右；②引用一句名言；③以《项羽之死》中的情节、细节为事例；④点评事例；⑤联系现实。

三、课堂总结

正确地评价人物，客观地看待历史，需要我们有睿智的心灵和能穿透重重迷雾的眼睛，正如歌中所唱：

滚滚长江东逝水，浪花淘尽英雄。是非成败转头空。青山依旧在，几度夕阳红。

白发渔樵江渚上，惯看秋月春风。一壶浊酒喜相逢。古今多少事，都付笑谈中。

（播放电视剧《三国演义》片头曲《滚滚长江东逝水》音频。）

教学反思

虽然这是一篇新课文，在以往的教材中没有出现过，但由于学生已经学过有关项羽的《鸿门宴》一文，再加上对这一段历史，历来评论者众多，所以无论从情节上还是从文字上，学生理解起来都不算太难，即使是基础较薄弱的学生对这一课也较有兴趣。

课上，我通过歌曲导入课文，极大地提高了学生的学习兴趣。在突破教学重难点的过程中，把学生对人物形象的感性认识提升到理性认识是一大难题，我在课堂上引入了《百家讲坛》中易中天教授和王立群教授对项羽这一历史人物的点评，使学生开阔了视野，拓展了思维，学会了多角度、多层次地分析人物。

（所获奖项：一等奖）

专家点评

在该教案中，教师不仅充分考虑了学生的认知特点，而且能够有效地将多媒体资源融合到各教学环节中，在激发学生的学习兴趣的同时，也大大开阔了学生的视野，训练了学生的思维，并为学生多角度、多层次地分析人物提供了可能。该教案充分体现了“以学生为主体、以教师为主导”的教学理念，通过采取读、说、写相结合的方法，发挥了学生的主动性，促进了学生对知识的内化。本课对课文的把握主要集中在学生自读中，教师在学生自读中提出学习任务，让学生在掌握字词的基础上，再深入理解人物形象。通过学生对项羽性格的描述，教师能够了解学生的思维特点，有针对性地给予学生指导。

值得注意的是，教师将互联网与教学实践进行融合，丰富了教学资源，这是一线教师在教学过程中应该学习的方面。将各方面的优秀资源恰当地应用到教学中，能够有效地提高课堂教学的质量。

（点评人：北京师范大学石家庄附属学校　米亚会）

走入“人间天堂”
——《望海潮》教案及评析

于国福[1]

教学背景

教学课时：1课时

教学准备：

1. 学生：利用互联网搜索有关作者及杭州西湖、钱塘江的资料；初读柳永的《望海潮》，了解作品内容，画出喜欢的词句；参考课文注释，扫清字词障碍；用自己喜欢的艺术形式（如绘画、摄影、音乐、诗歌等）表现《望海潮》词中杭州的美。

2. 教师：准备多媒体教室，利用互联网搜索相关资料，制作多媒体课件。

教学目标

1. 了解作者，掌握词的诵读技巧；品味词中富有表现力的语言，体会词中壮阔优美的意境；学习词中铺陈的表现手法。

2. 反复吟咏，感受词的音律美；运用联想和想象，感悟词的意境美。

3. 感受词的魅力，激发学习兴趣，开阔视野，激发热爱祖国语言的感情，培养健康高尚的审美情趣，培养良好的思想道德品质和爱国主义精神。

4. 感悟关键语句，鉴赏词作，培养文学鉴赏、评价能力。

教材分析

《望海潮》是柳永的一首写杭州的词。这首词虽然是一首投赠之作，结尾两句有恭维的色彩，但作者以铺叙的手法写尽了北宋初年杭州的美丽与富

① 于国福，新疆维吾尔自治区阿克苏地区第二中学。

庶，表达了少年时期的柳永对生活的热爱，尤其是对都市生活与祖国大好河山的热爱，更表达了词人豪迈乐观的进取精神，是柳永作品中描写都市美景与生活的名篇。整首词音律和谐，情致委婉，虚实相生，采用夸张的手法，体现了柳永的豪迈词风。这在柳永一生的创作中是极其罕见的。

教学重难点

1. 体会这首词的音乐美、语言美、绘画美、和谐美、情感美。

2. 正确评价本词在写景时对夸张手法的运用以及结尾两句和整首词的主旋律的关系。

教学方法

本课采用多媒体教学法、小组合作探究法。

教学过程

一、创设情境，激情导入

1. 播放从互联网上搜索的视频《杭州形象片》，创设具体生动的场景，丰富学生的情感体验，帮助学生理解教材、掌握知识、发展思维。

2. 教师激情导入：宋玉把文学作品分为“阳春白雪”和“下里巴人”。中国古典诗词就接近于“阳春白雪”，因为它能带给我们较高层次的审美享受。今天我们将要学习北宋著名词人柳永的名篇《望海潮》。那么，它能带给我们哪些美的享受呢？

（板书课题、作者。）

二、强化朗读训练，体悟词作的美

1. 出示多媒体课件。

国文本是“读”的学科。——叶圣陶

读，是一种幸福。——梁晓声

师：朗读是我们学习语文尤其是古典诗词的一种重要方式。就让我们先来享受朗读的幸福吧！

（1）播放音乐《清明上河图》，让学生饱含深情地配乐朗读，营造欣赏的氛围，引导学生入情入境。

朗读要求：注意吐字，尽量读出对本词的理解，读出感情，注意朗读的抑扬顿挫。

(2) 教师具体指导学生朗读，引导学生初步感受词的魅力。

(3) 播放音乐《清明上河图》，让学生跟着音乐再次有感情地朗读。请一位学生在全班示范朗读，其他学生进行评价。

2. 师：现在我们来分享一下朗读的体会，想想柳永的《望海潮》能带给我们哪些美的享受。

(学生讨论、回答。)

生：很优美，自然流畅，读起来具有很强的节奏感。

生：有人说，只有音乐能和词媲美。我想，如果我们在朗读的时候像刚才一样配上一段音乐，如用中国的民乐，用箫、古筝、琵琶等演奏的乐曲就比较合适，那种意境就能表现得更加透彻。

生：这首写景的词读起来张弛有度，一气呵成，这完全得益于词人对整句和散句的交替使用。

……

师：非常好！同学们都谈了自己对这首词的体会。柳永长期致力于对词的音乐性的研究与实践，从而使得他的作品具有一种特殊的美感——音乐美。(板书：音乐美)

师：此外，这首词在用字上也非常讲究，同学们想想，这首词中的哪些字用得好？

生："弄"和"泛"用得比较好。"弄"体现出一种掌控自如的感觉，使人自然而然地融入情景之中，表现出一种轻松愉快的心情。"泛"给人一种轻盈弥漫开的感觉，似乎笛声伴着歌声、随着湖水荡漾开来，非常轻盈。

生：我觉得"绕"和"卷"用得好。一个"绕"字既写出了古树成行，又写出了长堤旖旎的形态，绵延曲折。"卷"指翻卷，一个"卷"字就把潮水波涛汹涌之势表现出来了。

……

师：这些字不但富有表现力，而且听起来悦耳，读起来顺口，使得整首词音律和谐、情致委婉、虚实相生，均具有夸大的语气，有助于构成柳永式的豪迈词风。这也是一种美——语言美。(板书：语言美)

师：下面我们一起来欣赏一段视频，请同学们在欣赏的同时，想想：如果我们要用一种艺术形式来表现作者笔下杭州的魅力，你觉得用哪一种艺术形式更好？为什么？

(播放视频《品读〈望海潮〉》。)

（学生讨论、回答。）

生：我觉得应该把它画出来，可以画热闹的街市和静谧的环境，一动一静，会带给我们强烈的视觉冲击。

生：唱一首能体现当地人民非常安乐的歌。

生：我觉得最恰当的方法应该是在音乐中富有感情地朗读，既可以留给人们想象的空间，又能反映词作的美。

生：写成散文诗，或者用相机拍摄。

生：创作电视散文。

（播放视频《西湖无语》。）

师：我觉得同学们的想法都很好，绘画也好，唱歌也好，配乐朗读也好，用相机拍摄也好，创作电视散文也好，构思的角度都有独特的地方。在这首词中，作者在写景时用铺叙的手法，全方位、多角度地将杭州的美景一一呈现在读者眼前，具有一种很强的画面感，让人身临其境。也就是说，它还具有绘画美的特点。（板书：绘画美）

师：本词多处写景，不过最典型的恐怕要算“三秋桂子，十里荷花”了。“三秋”是什么意思？

生：深秋。

生：秋天的三个月。

生：教材中的注释是秋季。

师：那作者为什么不直接说秋季而说“三秋”？还可以怎么理解？

生：一年有四个季度，一个季度有三个月，分别用孟、仲、季来表示。秋季分为孟秋、仲秋、季秋，合起来就是整个秋天。另外，“三秋桂子”与“十里荷花”在句式上形成了对仗，很工整，并且分别从时间和空间的角度写出了桂花花期之长，花香馥郁芬芳、长久不散的特点，以及湖中广植荷花，每逢花期“接天莲叶无穷碧，映日荷花别样红”的盛景，写尽了“人间天堂”杭州的美景。

师：很好。我觉得同学们的思维非常活跃，对“三秋”做出了自己的解释。更让我感到高兴的是，有同学不仅解释了“三秋”是什么，而且从对仗的角度谈了自己的理解，难能可贵，说明同学们的语文功底深厚。

师：都说杭州美景如画，但这般景致恐怕是用尽天下丹青也描绘不出来的。当金国国主完颜亮读到柳永的《望海潮》后，便急于“投鞭渡江”“提兵西湖”，隔年便以60万大军南下攻宋。这虽然只是传说，但杭州景色之美、吸引力之大由此可见一斑！

出示南宋罗大经《鹤林玉露》中的记载：“孙何帅钱塘，柳耆卿作《望江潮》（按即《望海潮》）词赠之，云：‘东南形胜，三吴都会，钱塘自古繁华……’此词流播，金主亮闻歌，欣然有慕于‘三秋桂子，十里荷花’，遂起投鞭渡江之志。”

师：刚才我们的分析，总觉得还缺少点儿什么。缺少什么呢？

生：缺少人的活动。这么美的景色怎么可能没有人的参与呢？

生：这个地方不但景物美，人也美。

师：作者是如何写人的活动的？

生：人民生活很富裕，街市上陈列着各种各样的宝贝，人们穿着华丽的衣服互相比美。

生：“羌管弄晴，菱歌泛夜，嬉嬉钓叟莲娃”说的是普通的老百姓，“千骑拥高牙，乘醉听箫鼓，吟赏烟霞”写的是当地的地方官。作者不仅写景，还写出了人的活动，由景及人，这个地方景美，人也美，人沉醉在景中更美。

师：能不能用一个关键词概括一下这是一种什么美？

生：祥和美。

生：人文美，自然美。

生：人与人、人与自然的和谐，是和谐美。（教师板书：和谐美）

师：前文铺叙了杭州之美，那么，是什么成就了这番美景盛世呢？

生：作者说是当地地方官两浙转运使孙何的文治武功。

师：为什么在写老百姓的同时又写当地的地方官？

生：表现了当时国泰民安、社会太平的景象。

生：是对上文描写的繁华的都市生活的旁证与烘托。

生：这是一首有投赠性质的词，作者用夸张的手法写了杭州的方方面面，是为了歌颂孙何的政绩，表现对孙何的恭维。

师：同学们讲得都很有道理，我们来看一下大屏幕。

（出示杨湜《古今词话》中记载的《望海潮》的资料。）

三、思维拓展

师：柳永的《望海潮》一词的写作目的是为了求得地方长官的召见和赏识，因而难免要对对方加以赞扬甚至奉承，这就使得这首词在最后出现了一个格调不高的结尾。你同意这种看法吗？为什么？

（学生小组讨论，允许有不同的观点的碰撞，待讨论结束，先请同意这一看法的学生发表自己的观点，然后请不同意这种看法的小组代表发言。）

师：这首词是柳永早期的作品，从中我们能够感觉得到少年时期的柳永对生活充满了热爱，尤其是对都市生活和祖国的大好河山。这首词的结尾纵使有一些恭维的色彩，但是柳永渴望功名、追求功名、积极入仕的精神是值得肯定的。从这个角度看，这也是一种美——情感美。（板书：情感美）

四、课堂总结

师：“文以地生辉，地以文益秀。”《望海潮》是杭州山水滋养下的产物，反过来，柳永的《望海潮》又润泽了杭州的山水。今天，一代著名词人柳永的思想、精神通过他的美文和我们的心灵相通，读他的文，思他的人。最后，就让我们在一首优美的歌曲《望海潮》中结束我们今天的学习，再一次感受“人间天堂”杭州的魅力。

（播放歌曲《望海潮》。）

五、布置作业

1. 请同学们在学习《望海潮》的基础上试着写一首词，描绘一下新疆的风情。可以写新疆得天独厚的生态环境、淳朴的风土人情和厚重的民族历史。

2. 请选出这首词中你最喜爱的一两个词语，发挥想象，写一段富有诗意的文字。

教学反思

这节课，我借助于多媒体开展教学，合理利用互联网资源，重视提高学生的学习兴趣，开拓学生的视野，激发学生热爱祖国语言的感情，培养学生健康高尚的审美情趣。整堂课从“创设情境，激情导入”“强化朗读训练，体悟词作的美”等环节引导学生从多个层面感受作品的魅力，丰富了学生的情感世界，培养了学生的审美趣味，使学生获得了全方位、多角度的审美享受。尤其是在让学生用自己喜欢的艺术形式表现杭州之美这一环节，学生参与热情高，大胆想象，巧妙构思，积极发言，课堂气氛相当活跃。在“思维拓展”环节，学生主动学习、主动质疑，进行不同观点的碰撞，从而变被动学习为主动学习，锻炼了学生对知识的领悟能力。整堂课效果明显，教师教得自如，学生学得满意。

本课的不足之处在于以下几个方面。

（1）个别问题稍显重复，应当加以整合。

（2）课堂容量有些大，几个比较精彩的问题处理深度不够。

（3）对重点词语的理解指导不够。

（4）朗读指导方法不够灵活。

（所获奖项：一等奖）

专家点评

在该教案中，教师将互联网中的多媒体资源充分应用到各个教学环节中，从而在激发学生的学习兴趣的同时，让学生能够更加深刻地理解词中的意境美。学生的预习活动充分，利用互联网收集了有关作者及杭州西湖、钱塘江的资料，并用自己喜欢的艺术形式表现《望海潮》词中杭州的美，有利于提高学生利用互联网资源来解决学习中遇到的问题的能力，真正体现了“授人以渔”的教学思想。在具体的教学过程中，教师通过配乐朗读、指导学生朗读、学生示范朗读等方式，使学生在朗读的过程中体味词作所表达的感情，从而为后续的理解奠定坚实的基础。该教案的亮点在于注重课堂的开放性，通过多媒体资源的引导，让学生通过主动的交流来艺术地表达作者笔下描绘的杭州的魅力，教师引导学生体会词作的音乐美、语言美、绘画美、和谐美、情感美，真正丰富了学生的情感世界，使学生获得全方位、多角度的审美享受。值得注意的是，教师能够将互联网与教学实践完美地进行融合，使得整个教案更加立体、更加饱满。总体来说，这篇教案是非常优秀的。

（点评人：北京师范大学石家庄附属学校　米亚会）

诗情画意，美不胜收
——《山居秋暝》教案及评析

陈晓春①

教学背景

教学课时：1 课时

教学准备：

1. 学生：查阅有关王维的资料，了解山水田园诗，搜索王维的诗歌名句并简要赏析。

2. 教师：利用互联网搜索中国山水写意画，以及著名学者研究王维身世和评价王维诗歌艺术成就的视频课件，制作多媒体课件。

教学目标

1. 诵读诗歌，抓住意象，品味意境。
2. 体会王维诗歌“诗中有画”的特点。
3. 培养对诗歌的欣赏能力，感悟诗歌与绘画、音乐相通的艺术美。

教材分析

这首律诗是唐代诗人王维山水诗中的名篇，描绘了秋雨初晴后傍晚时分山村的旖旎风光和山居村民的淳朴风尚，表现了诗人寄情山水田园并对隐居生活怡然自得的满足心情，以自然美来表现人格美和社会美。全诗将空山雨后的秋凉、松间明月的光照、石上清泉的声音、浣衣村女归来竹林中的喧笑声以及渔船穿过荷花丛的动态和谐完美地融合在一起，给人一种丰富新鲜的感受。它既像一幅清新秀丽的山水画，又像一支恬静优美的抒情乐曲，体现了王维诗歌“诗中有画”的艺术特点。

① 陈晓春，江苏省镇江市实验高级中学。

教学重难点

1. 体会王维诗歌“诗中有画”的特点。
2. 掌握知人论世的诗歌鉴赏方法。
3. 挖掘诗歌的深层意蕴，把握诗人的思想情感。

教学方法

本课采用多媒体教学法，利用图片与视频将诗歌中的意象美形象地表现出来，给学生提供审美空间，丰富学生的情感体验，加强学生对知人论世这一鉴赏手法的理解并让学生学会运用。

教学过程

一、创设情境，导入新课

师：同学们，上课前我们先来欣赏几幅作品，在欣赏的同时，希望大家给每幅作品都配上两句诗。

国画：竹外桃花三两枝，春江水暖鸭先知。

摄影作品：小荷才露尖尖角，早有蜻蜓立上头。

山水写意画：孤舟蓑笠翁，独钓寒江雪。

师：大家都想到了合适的诗句来解说这些作品，真棒！我想，或许作品的创作者本来就是根据诗句来创作的，也就是说，这些诗歌本身就极具画面感，极有意境，即所谓“诗中有画”，诗歌的艺术性和审美性可能也是因此而来。画作也只能道出诗歌意味中的一二，不能尽显，我们只有用心去品味诗歌，才能领悟其意。今天我们要学习的王维的《山居秋暝》就恰恰是这样一首“诗中有画”而又耐人寻味的杰作。

【设计意图】有很多研究美术史的专家认为，中国的写意画当追溯到王维，王维的“诗中有画”，与他是画家，很懂得布局画面，能做到疏密有致有很大关系。而中国的诗歌艺术往往讲求意境。给画配诗句的设计可以让学生更直观地体会诗歌的艺术气息，尤其是诗歌中的画意美，让学生的学习兴趣迅速激发出来，并且让课堂融入艺术气息。

二、整体感知

1. 分析诗题。

师：诗题中“山居”“秋暝”分别是什么意思？

明确：标题“山居秋暝”，“山居”即其隐居的地方，点明了地点；“秋”点明了季节；“暝”，指傍晚，点明了具体时间。整首诗写的是秋天傍晚在山居所见的景物。

2. 朗读诗歌，总体感知诗歌内容。

(1) 教师范读。

(2) 结合注释，读懂全诗。

(3) 学生齐读。读出声，读成韵。

【设计意图】“熟读唐诗三百首，不会作诗也会吟。”在这一环节，教师省略了传统的背景介绍和作者介绍，而是引导学生直接进入文本，通过诵读的方式感受诗歌的语言美和意象美。

三、感受诗歌中的画意美

1. 理解诗意。

师：苏轼赞曰："味摩诘之诗，诗中有画；观摩诘之画，画中有诗。"请同学们复述诗歌内容，在复述时，注意突出主语，注意形容词的修饰要恰当，最主要的是要突出诗歌的画意美。

教师提示：这首诗描绘了一幅山村晚景图。请抓住意象及其特征，发挥想象，补充形象，再现画面，用散文化的语言描述这幅图画，尽可能做到描绘细致、语言优美。（可从光、色、形、静态、动态等方面展开联想）

生：山色空蒙，人迹罕至，一场雨刚下过不久。秋天的傍晚，山中的景致美不胜收。暮色苍茫，皎洁的明月升上了天空，银色的月光透过松树的虬枝翠叶，星星点点地洒落下来。清清的泉水淙淙地流泻于山石之上，在月光辉映之下，宛若一条洁白的绸布闪闪发光、随风飘荡。这是多么幽美的意境啊！竹林里传来一阵银铃般的笑声，那是一群勤劳淳朴的山村姑娘刚洗完衣服，披着月光笑盈盈地归来了，也许她们正为什么开心的事儿在竹林里嬉戏追逐着，笑闹声传出翠竹林外。密密的荷叶纷纷倒向两旁，莲花摇动，水波荡漾，原来是顺流而下的渔舟正轻盈地穿过荷花丛，划破了大山的宁静。春天的花儿谢尽了，我却很任情而适意。如此美好的地方啊，我真要留在这里居住下来。

【设计意图】让学生自由表达，口头复述诗歌内容，再造意境，锻炼了学生的语言表达能力。

2. 具体赏析画意美。

师：空山雨后的秋凉、松间明月的清光、石上清泉的声音、浣衣村女的笑声、渔舟穿过荷花丛的动态和谐完美地融合在一起，有声有色，有景有人，有静有动，构成了清新秀丽的山村生活图景。下面我们来欣赏这首诗最富有画意的诗句"明月松间照，清泉石上流"，请大家先欣赏写意画。

（请学生动笔写下赏析，突出“明月松间照，清泉石上流”表现出来的自然美。）

天色已暝，却有皓月当空；群芳已谢，却有青松如盖。山泉清冽，淙淙流泻于山石之上，犹如一条洁白无瑕的素练，在月光下闪闪发光。多么幽清明净的自然美啊！作者用清新自然的笔调，勾画出一幅有声（泉声）、有色（青松）、有动（泉流）、有静（月照）的幽静雅致的山间月夜图。上句侧重写空中，下句侧重写地面，各个景物非常协调，组成一个立体感很强的完整画面。诗句中蕴含了几组对比，如动静、上下、远近、色彩、刚柔等。

师：接下来我们欣赏这首诗的颈联“竹喧归浣女，莲动下渔舟”，请大家先欣赏写意画。

（请学生动笔写下赏析，突出“竹喧归浣女，莲动下渔舟”表现出来的人情美。）

竹林里传来一阵阵的歌声笑语，那是一些天真无邪的姑娘们洗罢衣服笑闹着归来了，亭亭玉立的荷叶纷纷向两旁分开，掀翻了无数珍珠般晶莹的水珠，那是顺流而下的渔舟划破了荷塘月色的宁静。在这青松明月之下，在这翠竹青莲之中，生活着这样一群无忧无虑、勤劳善良的人们。

（投影部分学生的赏析文字，共同研讨意境的再次营造是否合适。）

【设计意图】通过形象感知与联想，让学生体悟中国古代诗歌文化的独特魅力；通过书面语言的训练，让学生在审美的同时，锻炼自己的语言表达能力。

四、揣摩诗歌的创作意图

1．了解王维。

（播放视频《王维简介》。）

王维（701—761），字摩诘，唐朝蒲州（今山西永济）人。九岁能文，母亲笃信佛教，自幼耳濡目染。二十一岁中进士，青年得志，后来仕途遇挫。中年丧妻后，吃斋信佛。李林甫摄政后，王维更觉官场黑暗，步履维艰，不想同流合污但又家庭负担沉重的他过着半官半隐的生活。

王维多才多艺，诗、画、音乐都很有名，受佛家、道家思想影响很深。有他自己的诗歌为证："中岁颇好道，晚家南山陲。"（《终南别业》）

（出示有关《终南别业》的资料。）

2. 学生探究"随意春芳歇，王孙自可留"的深层含义。

通过对王维的生平的了解，我们大致可以判断"随意春芳歇，王孙自可留"中的"王孙"应该是指诗人自己。由此可见，诗人笔下极具自然美和生活美的场景原来是诗人理想境界的环境烘托，而泉水、青松、翠竹、青莲则是诗人高尚情操的写照。那"空山新雨后"的"空山"应该是诗人理想中的世外桃源，"山中"如此美好，现实的朝廷中却是黑暗的。古代读书人常遵循"天下有道则见，无道则隐"，难怪诗人要说"随意春芳歇，王孙自可留"。

【设计意图】通过影像资料和学生的讨论，让学生更加清楚诗歌的意境营造是以情感的表达需要为基础的。知人论世是我们了解作者的创作意图、把握诗歌意象背后的深层情感的重要途径。

3. 王维让山水田园诗有了盛唐气象。

山水田园诗，源于老庄哲学，成于渊明手笔，继于大谢（谢灵运）小谢（谢朓），盛于唐代王（王维）孟（孟浩然）。山水田园诗以描绘秀丽的山光水色、和谐的田园生活为主要内容，寄托了诗人因怀才不遇，或愤世嫉俗，或厌恶官场，或清贫自守而宁愿隐身山林、自由自在、无拘无束的生活愿望。王维的山水田园诗代表了唐代山水田园诗的创作成就，而且因为王维的独特经历和他在佛法上的研究，以及他在音乐与绘画方面的艺术修养，所以他的山水田园诗在描绘自然美、表现人情美的同时，往往还有让人顿悟的禅意。王维笔下的自然山水与人情美一方面反映了盛唐时期农人的实际生活，另一方面也是作者理想中的社会之美的表现。

五、课堂总结

师："味摩诘之诗，诗中有画"，果然如此。《山居秋暝》这首色韵俱美的山水诗，于诗情画意之中寄托着诗人高洁的情怀和对理想境界的追求，给我们留下了深刻的印象。而王维"亦诗亦佛，佛性为诗，诗入佛境；半隐半仕，仕不碍隐，隐在仕林"的人生经历和诗歌特色也能给我们很多启示。希望同学们在今后的学习中学会运用知人论世的鉴赏手法，在了解诗人的人生经历的同时，能够走进诗人丰富的内心世界，与诗人进行心灵对话。

六、布置作业

1. 背诵诗歌《山居秋暝》。

2. 拓展阅读《终南别业》《终南山》，并对“行到水穷处，坐看云起时”及“白云回望合，青霭入看无”这两联诗句写下自己的鉴赏文字。（可从画意或禅意的角度鉴赏）

教学反思

《山居秋暝》是王维的山水诗名篇，于诗情画意之中寄托着诗人高洁的情怀和对理想境界的追求。教学后，我有以下几点感受。

1. 语文课堂教学设计应突出学生的情感需求，培养学生学以致用的能力。

高中语文学科因为教学任务重且面临高考压力，往往语文课堂并不能像其他学科那样采用多媒体教学。但是毋庸置疑，有多媒体画面和影像的课堂往往是充满生机的，学生也更容易集中注意力。教学中，我选取的视频简短而有启发意义，使学生印象深刻，提高了学生的知识迁移能力，并让学生学会用知人论世的方法鉴赏各种文学作品。

2. 语文课堂需要创设美的情境。

诗歌艺术是一种美的艺术。如果学生没有基本的审美能力和审美需要，那么对简单的几十个汉字排列就没有审美的可能。但是通过了解作者、了解诗歌与绘画的相同之处（课前的情境设计恰为此意），学生就容易体悟诗人朴素真挚而空灵清净的精神世界，与诗人进行心灵对话也就有了可能，同时在面对浩瀚的文史资料时有自己的辨别和见解。

3. 培养学生的自主鉴赏能力和表达能力。

诗歌鉴赏历年来是高考语文试卷中考查的重点，是学生的理解能力与表达能力的集中体现处。课堂上，我安排学生复述诗歌内容，将自己想象的场景用口头语言表达出来，给景色的特点找出合适的形容词，就是为了培养学生的理解能力和表达能力。在具体赏析诗歌画意美的过程中，我让学生针对名句写出简短的鉴赏文字，是为了锻炼学生的书面表达能力。

4. 对写作的启示。

我认为学习诗歌很大的一个作用是“怡情”，而知人论世的诗歌鉴赏手法让学生通过了解诗人的人生经历，深入诗人内心，揣测出其文学作品中或直接或委婉地表现出来的个人的思想情感。王维诗歌中的“物芳”恰恰是他“志明”的表现，这对学生的写作有很重要的启示。

（所获奖项：一等奖）

专家点评

在该教案中，教师借助多样化的多媒体资源来辅助教学，将诗歌中的意象美形象地表现了出来，给学生提供了审美的空间，丰富了学生的情感体验。在具体的教学过程中，通过采用教师范读、学生齐读、学生复述诗歌内容等方式，让学生在朗读的过程中体味诗歌的深层意蕴和情感表达，从而为后续的学习奠定坚实的基础。在具体赏析诗歌画意美的过程中，教师通过出示生动的图片，让学生充分体会“明月松间照，清泉石上流”“竹喧归浣女，莲动下渔舟”的意境美；通过写简短的鉴赏文字的训练，让学生在审美的同时锻炼自己的语言表达能力和写作能力。在揣摩诗歌的创作意图的环节，教师结合互联网中丰富的资源，引导学生深入了解王维及其诗歌的特点，通过生生、师生之间的交流，让学生更加准确地把握诗歌意象蕴含的情感，从而实现本节课的教学目标。该教案充分体现了语文学科的人文性和工具性的特点，教学中，教师不仅让学生学会知人论世，掌握鉴赏诗歌的方法，同时也给学生提供了口头表达的机会，较好地锻炼了学生的理解能力和表达能力。这是值得一线教师学习的。

（点评人：北京师范大学石家庄附属学校　米亚会）

同是天涯沦落人
——《琵琶行（并序）》教案及评析

姚国英①

教学背景

教学课时：1 课时

教学准备：

1. 学生：朗读课文，参考工具书了解课文大意，进一步积累文言知识；查阅白居易的有关资料，了解作者写作的背景，初步感受文章表达的感情；标记描写音乐的句子并做批注。

2. 教师：利用互联网搜索有关《琵琶行（并序）》的资料，制作多媒体课件。

教学目标

1. 有感情地朗读课文，感受琵琶女的形象，体会诗人蕴含在诗中的感情。

2. 进一步积累文言知识，掌握古今异义、词类活用等文言现象。

3. 借助语言文字感受艺术之美，培养对艺术的热爱之情。

4. 能够在学习中学会探究、学会合作、学会分享资源，提高审美情趣及艺术鉴赏能力。

教材分析

本课的学习重点是感受艺术的魅力。高中语文课程标准明确要求：在阅读教学过程中要引导学生感受文学形象，品味文学作品的语言和艺术技巧。《琵琶行（并序）》是唐代著名现实主义诗人白居易写的一首长篇叙事诗，是

① 姚国英，山东省滨州市阳信县第二高级中学。

我国古代叙事诗中的“千古绝唱”。诗歌主题鲜明，人物形象生动，具有深刻的思想内容和卓越的艺术技巧。

教学重难点

1. 有感情地朗读课文，体会诗人蕴含在诗中的感情。
2. 初步感受音乐的魅力，学习描写音乐的方法。

教学方法

诗歌的理解感悟要靠学生自己，所以本课着重通过问题引导学生进行思考。同时采用自主、合作、探究的学习方式来调动学生的参与意识和主动学习的积极性，培养他们良好的思维习惯。

教学过程

一、创设情境，导入课题

1. 师：（播放乐曲《琵琶语》）从前有个叫伯牙的人，精通音律，琴艺高超。一天夜晚，他乘船游览，面对清风明月，思绪万千，于是弹起琴来，琴声悠扬，渐入佳境。忽然听到岸上有人叫绝，原来是钟子期，从此二人成了非常好的朋友。两年后，伯牙再次相约钟子期，不料钟子期已去世，他悲伤地说：“我唯一的知音已不在人世了，这琴还能弹给谁听呢？”于是，他把心爱的琴在青石上摔碎了。今天，我们再来学习一个高山流水遇知音的故事。

2. 学生在乐曲声中闭上眼睛展开想象，听老师讲故事。

3. 教师板书标题。

【设计意图】此环节的设计，一方面激发了学生的学习兴趣，另一方面让学生在优美的琵琶曲中体味作者的思想感情。

二、明确学习目标

1. 展示本节课的学习目标。

2. 让学生齐读学习目标，要求读整齐，声音洪亮。

【设计意图】此环节的设计，让学生在明确目标的前提下，能有重点地探究。

三、介绍作者，了解写作背景

1. 出示有关《琵琶行（并序）》的背景介绍的资料。

2. 学生根据收集的有关资料进行交流。

3. 出示有关白居易的资料。

白居易，唐代著名现实主义诗人，字乐天，晚年号香山居士。曾官至太子少傅，后人因称他白傅。青年时家境贫困，对社会生活及人民疾苦有较多的接触和了解。二十九岁中进士，官至左拾遗（谏官）。有“兼济天下”的理想，屡次上书针砭时弊。唐元和十年（815 年）被贬为江州司马，历时四年。

4. 师：第二年秋，他偶遇长安歌女，写下了这首《琵琶行（并序）》。如今，我们已无法听到那夜琵琶的真切乐声，而白居易以他的生花妙笔记录下的这场再简单不过的音乐独奏，成为流传千古的不朽名作。（板书：贬谪时偶遇长安歌女）

【设计意图】此环节的设计，有助于学生更好地把握文章的主旨，体会作者表达的情感。

四、学生自读序文

1. 学生结合注释自读序文，在理解的基础上把握好停顿和语气。

2. 同桌间讨论序文的主要内容，请两名学生分别讲述给大家听。

3. 师生进行点评和补充。

（时间——元和十一年；地点——湓浦口；人物——“我”、长安倡女。二人的共同之处——长安倡女：少小时欢乐，今漂沦憔悴；“我”出官二年，恬然自安，左迁九江郡司马。）

4. 出示文言词语：左迁、明年、贾人、悯然、因为。

【设计意图】此环节的设计，有助于提高学生的自学能力，培养学生的参与意识。

五、朗读课文，初步感知情感

1. 播放课文录音，学生标出生字，画出朗读的节奏，找出表达作者情感的句子。

2. 学生自读课文 1～2 遍，然后小组内推荐 2～3 名学生展示。要求：读准字音，节奏准确，充满感情，声音洪亮。（师生从读音、节奏和情感方面点评）

3. 播放乐曲《琵琶语》，请学生朗读课文。

4. 师生齐读课文。

【设计意图】此环节的设计，能让学生在朗读中较准确地把握文章情感，如此经典的文章应鼓励学生反复朗读。

六、再读课文，理清思路

1. 学生结合注释自由朗读课文，思考：本文写了一件什么事？用讲故事的形式给大家讲讲。

2. 同桌间讨论，全班推荐两名学生讲述。

3. 教师评价。

4. 出示文言词语：谪、霓裳、呕哑、嘲哳。

七、精读语段，体会艺术之美

1. 师：《琵琶行》是一篇经典之作，而诗本身也如一曲美不胜收的乐章，散发着独特的魅力，让人读后仍觉余音绕梁，体现了作者描写音乐的高超技艺。请找出描写音乐的段落，并试着写一段鉴赏性的文字。（要求：从语言、修辞、形式、内容四个方面鉴赏）

2. 学生找出描写音乐的片段，认真研读，仔细揣摩，并试着写鉴赏文字。

3. 以小组为单位交流各自的精彩语段。

4. 每组推选一位学生发言，说出自己的阅读感受。

5. 师生共同评价。

6. 教师出示描写音乐的技巧。（板书：音乐之美、比喻、叠音词、对比、动静结合、听者的反应、正面衬托、环境烘托）

7. 师生齐读课文中描写音乐的段落。

【设计意图】此环节的设计，让学生一方面学习到鉴赏精彩语段的方法，另一方面培养了写作能力，提高了审美能力。

八、分析课文，把握人物形象，深入体会作者情感

1. 学生有感情地朗读课文。

2. 教师出示思考题。

（1）这首长诗中，主要的人物形象有几个？诗人是用哪两句诗将这两个人物形象连接在一起的？（长安琵琶女和“我”通过“同是天涯沦落人，相逢何必曾相识”连接在一起）

（2）诗人认为自己与琵琶女“同是天涯沦落人”，他们的经历和遭遇“同”在何处？（琵琶女曾年轻貌美、少年得意，后年老色衰、独守空船，由盛而衰，是被侮辱、被损害的歌女；“我”少时位至谏官、名动京师，老时谪居卧病、飘零天涯，由盛而衰，是直言敢谏却被贬的忠臣）

（3）“男儿有泪不轻弹”，诗人仅仅是因为和琵琶女的经历和遭遇相同而潸然泪下吗？那么，诗人和琵琶女真正同病相怜的纽带到底是什么呢？

（“情”是二人的纽带）

3. 学生思考，小组内交流、探讨，然后展示讨论结果。

4. 师生共同评价。

5. 师：“我”因直言而被贬谪到这偏远的地方，琵琶女因年老色衰而被商人抛弃，独守空船。正是同病相怜，诗人才发出了“相逢何必曾相识”的感慨，使得“江州司马青衫湿”。

【设计意图】：此环节的设计，让学生在解决问题的同时学会了合作与共享，并通过对人物形象的把握深入体会作者的情感。

九、拓展运用，学以致用

1. 师：学习了本文，你一定感触很多，有很多话要说，请以“______，我对你说”（横线上可填琵琶女或诗人）为题写一段不少于50字的文字。

2. 学生思考后写作，并在小组内交流，选出本组内写得最好的片段，在班内展示。

3. 师生共同评价，选出表现最好的小组。

【设计意图】此环节的设计，不仅加深了学生对文章情感的理解，还提高了学生的口头表达能力和写作能力。

十、总结全文

1. 学生交流、展示本节课的收获和疑问。

2. 师生共同温习本节课所学习的内容。

【设计意图】此环节的设计，一方面提高了学生的概括能力，另一方面有助于学生养成不断反思自己的好习惯。

十一、布置作业，联系实际

根据学到的描写音乐的技巧，试写一篇倾听其他音乐的感受的文章，不少于800字。

【设计意图】此环节的设计，让学生学以致用，真正掌握描写音乐的方法。

教学反思

本教案已用于实际教学，反思整节课，我有以下感受。

1. 思得。

（1）注重发挥小组的集体力量，让学生在交流中学会合作。教学中，我把学生分成多个小组，学生有了自己的想法后，先在小组内交流并推荐创新看法。这样既能调动学生的学习积极性，又能使学生分享他人的劳动成果。让学生学会分享、学会合作，也是本节课的成功之处。

(2) 注重凸显学生的主体地位，让学生成为课堂的主人。教学中，我有意识地遵循“以学生为主体、以教师为主导”的教学理念，对每一个问题的解决，都由学生思考、讨论、交流得来，我在其中只起引导作用，不把自己的想法强加于学生。

(3) 注重朗读在语文教学中的作用。在教学重难点的处理过程中，我采用多种形式的朗读方法进行突破，让学生在读中思、在读中悟。

(4) 注重经典文化的传承。《琵琶行（并序）》是一篇经典之作，它流传广泛，影响深远。教学中，我注重传承和弘扬经典文化。

2. 思失。

本课教学虽然达到了预期的效果，但也存在着不足。

(1) 在小组教学中，由于评价机制不够完善，所以整堂课显得有些散乱、不紧凑。

(2) 学生没有真正发挥主体作用，仍是由我“牵着鼻子走”，没有真正成为课堂的主人。

3. 思改。

基于以上的认识与反思，我在以后的课堂教学中，必须更充分地发挥学生的主体作用，让他们真正成为课堂的主人。同时，在小组教学中，我会根据实际情况制订适合本班学生的评价机制，并使之不断完善，相信会收到意想不到的效果。

（所获奖项：一等奖）

专家点评

整体来看，该教案结构完整，连贯流畅，能够很好地完成设定的教学目标。在教学过程中，教师通过借助互联网中丰富的多媒体资源来激发学生的学习兴趣，同时也为学生深入地体会作者的情感创造了条件，使学生能够迅速进入教学情境。教师通过让学生自读、小组内推荐学生展示朗读、师生齐读等方式，使得学生能够初步感知文章所传达的感情。教师在发挥自身主导作用的同时，引导学生进行小组合作，从语言、修辞、形式、内容四个方面鉴赏课文中描写音乐的段落，并试着写一段鉴赏性的文字，与大家交流、分享，不但促使全班学生都参与到教学活动中，提高了学生的合作探究能力，而且使学生在交流中完成了知识的内化，充分体现了“授人以渔”的思想。在本节课的教学中，学生不仅学习了《琵琶行（并序）》这首长篇叙事诗，而且掌握了分析诗文尤其是与音乐相关的诗文的方法，真正地体现了语文学科人文性和工具性的特点。总体来说，该教案是非常不错的，对广大的一线语文教师具有较强的借鉴意义。

（点评人：北京师范大学石家庄附属学校　米亚会）

怀才不遇，漂泊无依
——《旅夜书怀》教案及评析

何语华[1]

教学背景

教学课时：2课时

教学准备：

1. 学生：完成预习作业。

（1）各组必做的预习作业：参考课文注释和网上有关资源，理解每一句诗的大意，把本诗译成白话文；上网搜索作者简介和写作背景，并整理成文字；朗读本诗，读准字音，读出感情。

（2）分组完成的预习作业：

组别	任务	预习要求
1	搜索配乐朗诵作品	1. 音频或视频文件均可，声音清晰，能够充分表现诗人的情感。 2. 跟着文件学会朗诵。 3. 网上下载背景音乐（要切合诗境），课上朗诵时使用。
2	搜索吟诵、演唱作品	1. 吟诵作品可为音频文件，也可为视频文件；演唱作品为音频文件。 2. 能够跟随音频或视频一起吟诵或演唱。
3	搜索解读本诗的视频作品	查找逐字逐句解释诗句的视频文件。
4	搜索鉴赏本诗的视频作品	查找对本诗思想感情与艺术特色进行鉴赏的视频文件，最好有背景音乐。
5	写赏析文章	查找今人所写的赏析文章2～3篇，然后整理出一篇赏析文章（1000字左右）。

① 何语华，江苏省苏州工业园区工业技术学校。

（续表）

组别	任务	预习要求
6	创造性写作	把这首诗改写成抒情散文（350～500 字）。要求：在尊重原作的基础上展开想象和联想，并融入本人的体悟，有创新因素；可运用比喻、拟人等修辞手法以及虚实相生、衬托等表达技巧，使语言富有表现力。
7	搜索相关图片和评论	1. 查找作者图片及本诗的书法图片、诗意图片数张。 2. 查找古人评论，要注明出处。 3. 制作 PPT，注意美观。

2. 教师：准备多媒体教室。

教学目标

1. 学会通过知人论世、诵读体悟等方法品味古诗。
2. 学会借助网络资源理解诗的内容、情感，体味寓情于景的艺术特色。
3. 体会杜甫诗歌沉郁顿挫的艺术风格。

教材分析

《旅夜书怀》是我国伟大的现实主义诗人杜甫的作品。诗人用阔大无垠的夜景衬托深沉滞重的孤独感，使人感受到诗人生命的激情正如他笔下奔涌的江流一样澎湃难平，深刻地表现了作者内心漂泊无依的感伤。这首诗是杜甫诗歌中的经典作品，历来为人称道。

教学重难点

1. 学会借助网络资源理解诗的内容、情感与艺术特色。
2. 掌握鉴赏古诗的基本方法。

教学方法

1. 任务引导。印发《自学指导书》，指导学生上网搜索和筛选学习资源，初步感知本诗。

2. 分组学习。组织学生分组分类搜索相关资源。各组在上课前将符合条件的资源文件发至教师邮箱，师生一起确定用于课堂展示的资源。

3. 组织展示。教师组织各组学生依次展示自学成果。

4. 点拨、启发。教师针对各组所展示的项目，结合教学目标设计有关问题，供学生思考、回答，教师适时点拨和启发。

5. 以评促学。印发《组内学习评价表》《各组学习评价表》，既评价学习态度，也评价学习成效；既评价个人表现，也评价小组学习情况。

教学过程

一、课堂导入

播放背景音乐，由上一节课《将进酒》导入本课。

二、学习准备

1. 了解作者。

(1) 由作者简介写得较好的一组派代表介绍。

(2) 教师介绍诗人“致君尧舜上，再使风俗淳”的政治抱负。

2. 了解写作背景。

(1) 由写作背景写得较好的一组派代表介绍。

(2) 教师提示两点：一是严武病逝，诗人失去依靠，离开成都，漂泊湖湘一带；二是诗人明白其仕宦生涯已因老病而结束，政治理想的破灭给诗人带来了巨大的悲痛。

三、分组展示与交流

1. 初解诗意。

由第 3 组代表上台播放解读本诗的视频。各组通过视频集体学习，理解诗意。

学生思考、讨论后回答：①哪几句写景？用几个词语形容诗人所写景物的特点。②哪几句写情？用几个词语说说诗人抒发了怎样的情怀。

2. 走入诗境。

(1) 赏析。

由第 5 组代表上台朗读赏析文章。

学生思考、讨论后回答：①首联和颈联的写景有哪些不同？②举例说明本诗是如何借景抒情的。

(2) 鉴赏。

第 4 组代表上台播放鉴赏本诗的视频。

学生思考、讨论后回答：①杜甫为什么认为一个人的名声显著不应仅仅因为文章写得好呢？②视频中的解说人说本诗“在沉郁中见磅礴大气”，何以见得？

（3）评论。

第 7 组代表上台播放呈现古人评论的 PPT。

学生思考、讨论后回答：①明代郭浚《增定评注唐诗正声》：“‘星垂’二语壮远，意实凄冷。”对此你是如何理解的？②明代谢榛《四溟诗话》：“句法森严，‘涌’字尤奇。”你认为“涌”字好在哪儿？

3. 品鉴与表现。

（1）朗诵。

第 1 组代表上台播放朗诵音频。

该组集体或派代表配乐朗诵。

教师指导朗读并示范：一要把握基调；二要做到平声长、仄声短；三要掌握好节奏、重音、停顿。

（2）吟诵、演唱。

第 2 组代表上台播放吟诵音频（或视频）和演唱音频。

学生思考、讨论后回答：你认为这两段作品中哪一段更能体现本诗的思想感情和艺术风格？为什么？

（3）创造性写作。

第 6 组代表上台朗读本组作品。提示学生课后上网查找并欣赏《旅夜书怀》的素描作品。

四、总结和评价

1. 总结学习古诗的方法。

（1）知人论世，缘波讨源。

（2）逐句理解，把握诗意。

（3）披文入情，体悟诗境。

（4）诵读品味，升华情感。

2. 总结自学古诗的途径。

（1）阅读赏析或评论文章。

（2）借助丰富的网络资源自学。

3. 学习评价。

（1）组内评价。

（2）小组互评。

（3）教师总结和评价。

五、布置作业

1. 完成课后练习题。

2. 朗诵本诗。

教学反思

古人说:“授人以鱼,不如授人以渔。”本课就是“授人以渔”的案例,一是引导学生在读懂本诗的基础上,通过网络搜索、筛选和整理相关学习资源,掌握通过互联网学习语文的技巧;二是引导学生学会通过知人论世、诵读体悟等方法品味和鉴赏古诗。

本课在教学模式上亦有创新。任务引导、先学后教、小组合作、集中展示、评价引领的教学模式收到了良好的效果。

本课还有需要改进的地方。本课主要采用了课前利用互联网自习、课上集中展示的方式进行教学,学生可能存在理解不扎实的地方,因此,应在课堂展示结束后通过练习检测学习效果。

(所获奖项:一等奖)

专家点评

该教案在设计上独具匠心,充分体现了“以学生为主体、以教师为主导”的教学理念。教师通过布置分层次的预习任务,如搜索配乐朗诵视频或音频文件、搜索鉴赏本诗的视频文件、搜索相关图片和评论以及进行创造性写作等,让学生采用小组合作学习的方式利用互联网自主完成预习,为课堂教学的顺利展开奠定了基础。

教师能够根据课程的需要,恰当运用与教学内容紧密相关的多媒体教学资源,有效地吸引学生的注意力,提高了学生学习的积极性和主动性。教学过程中最大的亮点在于“分组展示与交流”环节,通过各小组对多媒体学习资源的展示与交流,学生在参与中更好地理解和内化了相关知识。与此同时,该环节还充分体现了学生在课堂学习中的主体地位,而且教师在恰当的节点中给予学生适当的指导,从而更好地保证教学活动的顺利进行。本课教学不仅使学生掌握了学习语文的技巧,也让学生学会了一种新的解决问题的方法——利用互联网来预习并拓展课本知识。

(点评人:北京师范大学石家庄附属学校　米亚会)

以清秋之景，写离别之情
——《雨霖铃》教案及评析

李　娟[①]

教学背景

教学课时：1 课时

教学准备：

1. 学生：上网查阅古人写离别的诗词；自学本词，理解词中的意象，体会词人的思想感情。

2. 教师：利用互联网搜索《雨霖铃》的相关资料，制作多媒体课件。

教学目标

1. 准确理解词中的意象，体会词人的思想感情。

2. 理解本词情景交融、虚实相生的艺术特色。

3. 提高对古诗词的诵读能力和鉴赏能力。

教材分析

《雨霖铃》是柳永的代表作，更是宋词婉约派的名篇。该词上阕写一个秋天的傍晚词人和他心爱的人在都门外长亭分别时依依不舍的情景，下阕写词人想象别后羁旅生活的情状。全词通过虚实相生、融情入景的手法集中反映了词人复杂的内心情感。学习本词有利于学生进一步掌握鉴赏诗词的基本步骤和方法，通过把握诗词的思想内容和艺术形式来品味诗词的语言，赏析诗词的表现手法，提高鉴赏能力和审美情趣。

① 李娟，江苏省高邮市临泽中学。

教学重难点

1. 在了解词作内容的基础上把握诵读技巧，品味这首词的意境。
2. 深刻分析这首词的艺术特色。

教学方法

本课充分利用多媒体，采用任务型教学法，自然导入，层层递进，注重将知识与能力、过程与方法、情感态度与价值观三维目标相统一，及时对学生的学习进行评价与激励。

教学过程

一、导入新课

1. 播放歌曲《送别》。

长亭外，古道边，芳草碧连天。
晚风拂柳笛声残，夕阳山外山。
天之涯，地之角，知交半零落。
一壶浊酒尽余欢，今宵别梦寒。
……

2. 学生交流对歌曲的感想。

师：浓情厚意从低回婉转、一唱三叹的旋律里汩汩而出，离愁别恨也从悱恻动人、缠绵哀怨的诗意里幽幽而泻。“剪不断，理还乱，是离愁”“黯然销魂者，唯别而已矣”，让我们在音乐叹惋的余声里走进作者用文字所营造的意境。（板书课题）

3. 播放歌曲《雨霖铃》，让学生在歌声中体会这首词，并谈谈自己的感受。

二、朗读指导

自由朗读—指导朗读—指名朗读—学生齐读。

学生放声朗读，自行品味。

要求：读准字音，把握感情，注意语调、节奏，熟读成诵。

（1）第一次读：播放录音，学生小声仿读。

（2）第二次读：教师范读，做节奏指导，学生自主朗读。

(3) 第三次读：抽查学生朗读的情况，进行比赛，看谁朗读得最好。(先抽两个学生分别朗读上阕和下阕，其他学生评价，若认为自己朗读得更好的，可以向他们挑战)

三、知人论世，了解作者

(出示关于柳永的资料。)

柳永（约987—约1053），原名三变，字耆卿，崇安（今福建崇安）人，北宋词人。与兄三复、三接并有文名，时称“柳氏三绝”。官至屯田员外郎，世称柳屯田。为人放荡不羁，终身潦倒。其词多描绘城市风光和歌伎生活，尤其长于抒写羁旅行役之情。创作慢词，铺叙刻画，情景交融，语言通俗，音律谐婉，在当时流传很广，著有《乐章集》。

四、整体感知诗歌

1. 再次聆听朗读，体会意境。

2. 师生齐声朗读，声情并茂。

3. 思考下列问题。

(1) 本词的感情基调是什么?

(2) 从时间角度可以把本词分成哪几个层次?

五、写一写，演一演

1. 根据词的内容，用自己的语言将其改编成一篇微型小说。(学生相互交流)

2. 学生根据教师提供的《雨铃霖》的电视剧本进行表演。

六、提炼信息

填写表格。(用原词回答)

离别的时令	
离别的时间和地点	
离别的天气	
离别的心情	
离别的去向	

七、自主讨论问题

1. 找出词中的主要意象，说说这些意象的特征和作用。

2. 找出词中直接体现作者情感的词语，说说表达了作者什么样的情感。

明确：

意象	特征	表现手法
寒蝉　长亭　骤雨	凄切悲凉	借景抒情
烟波　暮霭　楚天	苍茫落寞	虚实相生
杨柳　晓风　残月	凄清孤寂	情景交融

八、赏析句子

1. “执手相看泪眼，竟无语凝噎。”

诗人采用了白描手法，寥寥数语便把情人间那种缠绵眷恋之情、无可奈何之意惟妙惟肖地表达了出来。柳永是描写离别之情的高手，他特别擅长通过这种看似简单平凡的词句来传达真挚感人的情怀。

感情：依依不舍。

2. “念去去，千里烟波，暮霭沉沉楚天阔。”

诗人想到前路茫茫，自己将越走越远，离心爱的人越来越远，心越来越苦，愁思也越来越深。全句写景，又全句写情。

感情：惆怅伤感。

3. “多情自古伤离别，更那堪，冷落清秋节！”

“伤离别”，点明这首词的主旨；“更那堪，冷落清秋节”，又推进一层，更何况我正在这冷落凄清的秋季，多么难以忍受！

感情：愁意浓浓。

4. “此去经年，应是良辰好景虚设。便纵有千种风情，更与何人说？”

就算有千种深情、万般爱意，又向谁去说呢？只有独对清风冷月，望空兴叹，为伊消得人憔悴了。语气中透露出未来的日子将无法独自承受离别后的孤独、寂寞、钟情、思念、牵挂之情。

感情：孤独寂寞。

九、观看视频，体味情感

1. 播放《雨霖铃》动画。

2. 讨论作者离别后有几种痛苦。

(1) 无限伤感：多情自古伤离别，更那堪，冷落清秋节！

(2) 无家可归：今宵酒醒何处？杨柳岸，晓风残月。

(3) 无心赏景：此去经年，应是良辰好景虚设。

(4) 无人倾诉：便纵有千种风情，更与何人说？

十、课堂总结

“一切景语皆情语”，柳永以清秋之萧瑟，写离别之凄恻，即景抒情，融情入景，虚实相生，演绎了一曲凄婉缠绵的离别之歌。

十一、布置作业

背诵全词。

教学反思

首先，我在这节语文课上着重引导学生读，强调学生写，启发学生悟，引导学生真正走入词的意境、词人表达的情感之中。

其次，本节课让我深深体会到学生在语文学习中并不是一张白纸。作为教师，应当尊重学生已有的经验，立足于学生真实的起点，正视学生的学习基础。古诗词是传承民族灵魂的载体，诗词典雅的语言、丰厚的意蕴需要经过细细品味才能体会其中的精妙。在诱导和启发思维的课堂教学中，如果教师能充分调动学生的原有知识经验，把新旧知识联系起来，启发他们进行联想和想象，定会激发学生学习古诗词的积极性，使学生自然而然地提高鉴赏古诗词的能力。所以，语文教师有必要在课堂上培养学生学习古诗词的兴趣，提升学生的审美情趣。

苏霍姆林斯基说：“在人的心灵深处，都有一种根深蒂固的需要，这就是希望自己是一个发现者、研究者、探索者。”本节课，我给学生提供了一个艺术再创造的空间，让学生根据词的内容用自己的语言编写微型小说，然后对照电视剧本进行表演，让学生享受浓浓的审美乐趣。

（所获奖项：二等奖）

专家点评

在教学准备过程中，教师鼓励学生通过互联网查找资料来提高自身的知识储备，有效地激发了学生的学习兴趣，从而为课堂教学顺利进行奠定了良好的基础。同时教师根据课堂教学需要，利用互联网搜索与教学内容相关的图文资料、音像资料，并在课堂上向学生展示，给学生听觉、视觉上的直观感受，加深了学生对教学内容的理解。在教学过程中，教师采用诵读感悟式教学模式，通过学生自由朗读、教师指导朗读、教师指名朗读、学生齐读等多种方式来调动学生学习的积极性和主动性，让学生在教师的引导下品味语言、感悟意境，加深了对词作主旨的理解，同时培养了学生的语感，也充分体现了语文学科的人文性和工具性。该教案比较好地体现了学生的主体作用，通过教师的引导性问题，学生将词进行了个性化的转换，为完成后续的任务（提炼信息、赏析句子、体味情感等）提供了有力的支持。但值得注意的是，教师对学生的引导性活动体现并不明显，希望教师能够在今后的教学设计中，既能注重学生活动的设计，也能注重教师对活动引导过程的设计。

（点评人：北京师范大学石家庄附属学校　米亚会）

写昭君之怨恨，叹自身之不幸
——《咏怀古迹（其三）》教案及评析

张国萍[①]

教学背景

教学课时：1 课时

教学准备：

1. 学生：自学本诗，读准字音，了解作者及诗歌大意；提出自学中遇到的问题。

2. 教师：利用互联网搜索相关资料，制作多媒体课件。

教学目标

1. 了解杜甫的生平及创作风格。
2. 把握王昭君的形象。
3. 理解这首诗蕴含的思想感情，并分析其意境之美。
4. 掌握本诗的表现手法和修辞手法。

教材分析

《咏怀古迹（其三）》吟咏王昭君，对王昭君凄凉的身世表示了深切的同情，并寄寓了诗人仕途失意、颠沛流离的身世之感，抒发了诗人的理想、感慨和悲哀。诗人想到昭君生于名邦，殁于塞外，去国之怨，难以言表，因此把本诗的主题落在“怨恨”上：“一去”二字，是怨的开始；“独留”两字，是怨的终结。作者既同情昭君，也感慨自身。沈德潜说：“咏昭君诗此为绝唱。”

① 张国萍，吉林省通化市第一中学。

教学重难点

1. 从诗眼入手，了解诗的内容。
2. 理解诗歌蕴含的寓意。
3. 掌握鉴赏诗歌的方法。

教学方法

本课采用朗读法、讲授法。

理解古诗重在诵读，在教学中，我以“读”贯穿全文，采用了范读、跟读、美读等方法，让学生在诵读中掌握诗歌大意，理解诗中蕴含的情感，进而通过寻找诗眼理解诗歌主旨。

教学过程

一、导入新课

师：汉元帝年间，一个倾国倾城的女子背负着民族的期望，走进了茫茫大漠中，将她的一汪秋水化成一辈子的守望，种在了历史的青冢里。她就是王昭君。唐代宗大历年间，羁旅半生、历尽沧桑的杜甫来到了昭君的家乡——湖北秭归。遥想约800年前的美人，杜甫会产生怎样的感想呢？今天我们将通过《咏怀古迹（其三）》这首诗来寻找答案。

二、知识积累

1. 杜甫生平。

播放视频《唐之韵：千秋诗圣》。

2. 相关背景。

播放视频《中华上下五千年：王昭君出塞》。

《咏怀古迹》是一组七言律诗，共五首，每首各抒一人一事，分别为庾信、宋玉、王昭君、刘备、诸葛亮，作于大历元年的秋天。此时“安史之乱”已经结束，但国家仍然动荡不安，诗人依旧客居他乡，诗人在吟咏古迹、追思历史人物的同时抒发了自己一生漂泊、功业无成的感慨。

三、诵读诗歌

1. 播放《咏怀古迹（其三）》诵读音频。

2. 听范读，明确感情基调：沉郁怨愤。

3. 学生朗读、体味。

4. 概括诗歌大意。

明确：群山万壑随着险急的江流，奔赴荆门山，这里有明妃（王昭君）生长的村子。离开汉宫，（命运）便与北方少数民族相连，留下孤零零的青冢向着黄昏。凭着画工画的画像只能约略认识昭君美丽的面容，空有她那怀念故国的魂魄月夜归来。即使千年过后，琵琶弹奏的胡地乐曲，还分明诉说着她内心的怨恨之情。

四、合作探究

师：我们把一首诗中最精练传神的词句叫作“诗眼”。诗眼是一首诗歌内容的凝聚点，发现了它就等于抓住了中心思想，因此抓住诗眼可以很好地帮助我们鉴赏诗歌。对于律诗而言，由于律诗四联起、承、转、合的特点，往往尾联两句即为诗眼所在。

思考 1：找出本诗的诗眼。对此你是怎样理解的？

诗眼：“怨恨”。

昭君在汉元帝的深宫时，不过是个失宠的宫女，她风光出塞，做了千里草原之上最尊贵的国母。对于一般人而言，她应该是草原逐日的千里驹上最幸福的那个人，又何来怨恨之说呢？

教师诵读王昭君的《五更哀怨曲》。（播放琵琶曲《昭君出塞》作为配乐）

一更天，最心伤，爹娘爱我如珍宝，在家和乐世难寻；如今样样有，珍珠绮罗新，羊羔美酒享不尽，忆起家园泪满襟。

二更里，细思量，忍抛亲思三千里，爹娘年迈靠何人；宫中无音讯，日夜想昭君，朝思暮想心不定，只望进京见朝廷。

三更里，夜半天。黄昏月夜苦忧煎，帐底孤单不成眠；相思情无已，薄命断姻缘，春夏秋冬人虚度，痴心一片亦堪怜。

四更里，苦难当，凄凄惨惨泪汪汪，妾身命苦人断肠；可恨毛延寿，画笔欺君王，未蒙召幸作凤凰，冷落宫中受凄凉。

五更里，梦难成，深宫内院冷清清，良宵一夜虚抛掷，父母空想女，女亦倍思亲，命里如此可奈何，自叹人生皆有定。

此曲表达了昭君什么样的情感？

明确：此曲表达了昭君的满腔幽怨和无限感伤，又混合着浓重的乡愁与一丝丝的憧憬。

继续欣赏王昭君的《怨词》。（播放琵琶曲《昭君出塞》作为配乐）

秋木萋萋，其叶萎黄，有鸟处山，集于芭桑。
养育毛羽，形容生光，既得行云，上游曲房。
离宫绝旷，身体摧藏，志念没沉，不得颉颃。
虽得委禽，心有徊惶，我独伊何，来往变常。
翩翩之燕，远集西羌，高山峨峨，河水泱泱。
父兮母兮，进阻且长，呜呼哀哉！忧心恻伤。

此诗表达了昭君什么样的情感？

明确：千百年来，琵琶所演奏的总是从匈奴传来的撩人愁思的胡乐，正是昭君在诉说着她的怨恨。

昭君都有哪些怨恨？

明确："一去紫台连朔漠，独留青冢向黄昏"，远嫁异邦、远葬他乡、思念故乡的怨恨；"画图省识春风面，环珮空归月夜魂"，对画师的无耻行为及对汉元帝的昏庸糊涂的怨恨。

思考2：从诗句中概括出王昭君的形象。

明确：

群山万壑赴荆门——坚强

独留青冢向黄昏——孤独

画图省识春风面——美丽

环佩空归夜月魂——思乡

分明怨恨曲中论——怨恨

诗人刻画昭君的形象，既有对她的赞扬，又有对她的同情。

思考3：首联、颔联、颈联主要运用什么表现手法？

首联：群山万壑赴荆门，生长明妃尚有村。

明确：群山起伏，连绵不绝；万壑争流，奔腾不息，直赴荆门山。其中的"赴"字用了拟人的手法，把迤逦不绝的千山万壑陡然间写活了，既有飞动之势，又有变幻之姿。两千多年前，一个年轻女子远离父母之邦，嫁到异域，并在那里度过一生，确实需要巨大的勇气和毅力，而这雄伟的山川正是她那坚强的性格的象征。

颔联、颈联：一去紫台连朔漠，独留青冢向黄昏。画图省识春风面，环佩空归夜月魂。

明确：颔联、颈联主要运用了对比和反衬的表现手法来写王昭君的悲剧。"去"与"留"对比，离开了不该离开的故国，留在不该留下的荒漠。"生"与"死"对比，生时可以"识"却没能"识"，死了不能"归"却魂魄

“归”来。通过这些对比，反衬出王昭君出塞的悲惨命运。

思考4：诗人咏叹王昭君其人其事，寄寓了怎样的情感？

唐玄宗天宝五年，诗人西入长安，羁留十年，才做了个看管兵甲器杖的小官。“安史之乱”爆发后，他前往灵武投奔唐肃宗，任左拾遗。后因上疏救宰相房琯触怒唐肃宗而受排挤，被贬为华州司马。

昭君与诗人的相似点：

昭君	诗人
绝代佳人，入宫见妒	才华横溢，入朝见妒
画图省识，远离汉宫	不分忠佞，无辜遭贬
身死异国，环珮空归	漂泊西南，有家难归
（怨恨）	（怨恨）

明确：诗人在咏叹王昭君不幸的同时也在感慨自己的不幸，在表达王昭君怨恨的同时也在暗中表达自己的怨恨。因此，诗人咏叹王昭君其人其事，既寄寓了对王昭君的深深同情，也暗含了对自己怀才不遇、抱负不得施展的怅惘之情。

五、迁移拓展

历来对昭君出塞评价颇多，说法各异。据统计，古往今来，反映王昭君的诗歌有700余首，与之有关的小说、民间故事有近40种，写过昭君事迹的著名作者有500多人。一个生长在山村中的女子——王昭君，竟引起历代文人的心灵共鸣，把中国文坛搅得风雷激荡。这正是因为南方巴楚文化与北方华夏文化交汇的光环，投射在昭君这个创作本体上，放射出了夺目的光彩。昭君去世后，匈奴为她筑起了高高的坟冢，冢上芳草茂盛，牛羊不食，霜寒不枯，终年长绿，被称作“青冢”。“青冢”墓碑上刻有“一身归朔漠，数代靖兵戎；若以功名论，几与卫霍同”。

比较《咏怀古迹（其三）》与《王昭君》《昭君曲》的异同。

王昭君

［唐］张仲素

仙娥今下嫁，骄子自同和。

剑戟归田尽，牛羊绕塞多。

昭君曲

［明］莫止

但使边城静，蛾眉敢爱身。

千年青冢在，犹是汉宫春。

相同点：同是写昭君出塞的事迹。

不同点：《咏怀古迹（其三）》中刻画的是把出塞引为一生憾事、满腹怨恨的昭君形象。

《王昭君》《昭君曲》这两首诗却是赞扬昭君出塞的功劳的。昭君成了一个为了祖国的统一和民族的团结而义无反顾、欣然前往和亲的巾帼英雄。王昭君的历史功绩，不仅仅是她主动出塞和亲，更主要的是她出塞之后，使汉朝与匈奴和好，边塞的烽烟熄灭了几十年，增进了民族团结。

（播放电视剧《昭君出塞》的主题曲。）

六、课堂总结

昭君出塞、身死异国的悲剧是历代文人常常咏叹的题材，其中杜甫的《咏怀古迹（其三）》最为深刻感人，被誉为咏昭君诗之绝唱。诗歌的主旨虽写昭君的“怨恨”，但一开始并未直接写，而是从咏江山之奇绝引出咏佳人之奇美。接着写昭君的悲剧及其根源，为点明“怨恨”做铺垫，最后才明确点出昭君之“怨”，将感情推向高潮。

七、布置作业

1. 背诵全诗。

2. 自选角度，把这首诗改写成一篇文章，不少于500字。

教学反思

本教案在教学实践中得到了应用。这首诗的主旨写昭君的“怨恨”，这是这首诗的诗眼，但一开始诗人并未直接写，而是从咏江山之奇绝引出咏佳人之奇美。部分学生不容易理解，为了让学生了解昭君的悲剧及其根源，我从网上搜索王昭君写的诗歌，打开学生的思路，引导学生理解昭君的“怨恨”，明确昭君的形象，最后借助电视剧《昭君出塞》的主题曲将感情推向高潮。我帮助学生从诗眼入手，掌握鉴赏诗歌的方法。但掌握了方法之后还需要在实践中应用，这需要在今后的教学中不断加强。

（所获奖项：二等奖）

专家点评

在该教案中，教师充分利用互联网这一现代化手段，将互联网资源与教学实践相结合，通过播放视频、音频等，激发学生的学习兴趣，促进学生对诗歌情感的理解。在诵读诗歌环节中，教师采用范读、跟读、美读等方式，让学生在诵读中掌握诗歌大意，理解诗中蕴含的情感，充分调动了学生学习的积极性和主动性，让学生在诵读中体会诗歌语言，感悟意境，加强对诗歌的理解能力，充分体现了语文学科的人文性和工具性。

教师教给学生分析诗歌的方法，即通过寻找诗眼，理解诗歌主旨。学生采用合作探究的方式，通过四个逐步深入的引导性问题，完成了对诗歌的学习。首先，寻找诗眼，抓住了诗歌的中心思想；其次，概括王昭君的形象；再次，体会诗句运用的表现手法；最后，品味诗人寄托的情感。在迁移拓展环节中，教师出示了描写昭君出塞的另外两首诗歌，要求学生将其与本课所学诗歌进行比较，既丰富了学生的知识，也加深了学生对昭君这一形象的认识。建议教师让学生自己利用互联网来收集关于昭君出塞的诗词及故事。这样既能够丰富学生的知识储备，又能够有效地激发学生的学习兴趣。

（点评人：北京师范大学石家庄附属学校　米亚会）

忆如烟往事，感似海深情
——《项脊轩志》教案及评析

张俭华①

教学背景

教学课时：1课时

教学准备：

1. 学生：预习课文。
2. 教师：利用互联网搜索相关资料，制作多媒体课件。

教学目标

1. 准确归纳、理解课文中的文言现象。
2. 在熟读的基础上厘清、把握文章的脉络，体味作者的情感。
3. 体会作者融亲情于日常琐事的写法。
4. 能从细微的举动中品味人情美。

教材分析

《项脊轩志》是明代文学家归有光所写的一篇散文，语言较为浅易，授课时无须全文翻译，可针对一些关键字词加以强调。学生已经学过不少通过对山川、江河等自然景色的描写抒发作者人生感悟的文章，如《岳阳楼记》《滕王阁序》等。而《项脊轩志》不同于以前所学的古代散文，它以“志”的文体写成，以叙述为主，兼有写景、议论，通过对百年老屋的几度兴废的叙述，抒发作者对祖母、母亲、妻子的思念以及对家庭变迁的感慨。学习这篇文章，既有利于学生进一步了解古代散文的体裁，也有利于提高学生的文言文阅读能力和文学鉴赏能力。

① 张俭华，江苏省板浦高级中学。

教学重难点

1. 理解作者对家道衰落的伤感和对故居与亲人的眷念。

2. 学习本文通过捕捉生活中的典型细节和场景来表情达意的方法。

教学方法

1. 采用由整体感知到区间精读的思维方式，逐步深入，层层理解。

2. 采用学生自学质疑、交流展示、互动探究以及教师精讲点拨、拓展延伸的方式，激发学生学习的主动性，培养学生理解感悟的能力。

3. 多边对话，培养学生的合作意识。

教学过程

一、导入新课

师：同学们，“亲情”是人们笔下一个永恒的主题。想想朱自清的父亲“蹒跚的背影”，看看史铁生的母亲“走过了多少焦灼的路”，读读李密的祖母“躬亲抚养”的艰辛……亲情是世界上最纯净、最伟大的情感。今天，我们一同来研习归有光的《项脊轩志》，再次感悟一下那份浓浓的亲情。

二、新课教学

1. 文学常识介绍。

（1）志

（2）项脊轩

（3）归有光

归有光

（出示关于归有光的资料。）

2. 问题探究思路。

生：自学质疑—交流展示—互动探究

师：精讲点拨—拓展延伸

师生：多边对话

3. 文本研习思路。

按照“一个书斋—两种情感—三世变迁—四个女人”的思路来展开对文本的研习。

（1）一个书斋——项脊轩在全文中起什么作用？

这是一篇典型的托物言志的散文名作，作者所托之物就是项脊轩。通过介绍百年老屋的几经变迁，将与项脊轩有密切联系的往事连缀成篇，反映家中三世的沧桑。往事如烟，可写之事很多，而作者将人物的活动、发生的事件都限制在项脊轩及其庭院中，把人和事用项脊轩紧密联系起来，写景、叙事、抒情、议论，无不围绕着项脊轩这一中心，条理井然，形散神聚。可以说，项脊轩是全文布局谋篇的一条物线。

（2）两种情感——悲和喜。

全文以第二自然段作为过渡，承上启下，或侧重写喜，或侧重叙悲。

① 第一自然段写项脊轩修葺前后的不同，以“喜”贯穿。

修葺前，项脊轩狭小、阴暗、破漏；修葺后，项脊轩明亮、雅致、静谧。在这一自然段中，作者意在表现自己青少年时期的书斋可爱、可亲，以表达自己深深的眷恋之情，而作者欲扬先抑，先极力叙述原来的项脊轩旧、小、漏、暗，为下文写修葺后的项脊轩的优美、可爱做铺垫。

修葺后的项脊轩迷人可爱、令人留恋之处，不仅仅表现在明亮、不漏和安静等方面，更表现在作者的生活情趣、读书之乐及其与周围环境的自然融合上。

赏析文段：作者笔下修葺后的项脊轩充满了诗情画意。

原来阴暗的小屋变明亮了，是因为阳光照射在新修的围墙上，从新开的四扇窗户反射到室内。原来院前普通的围栏因主人在周围种植了兰花、桂树、竹子等草木而增添了无限美景。白天，在小屋或仰或躺，或长啸或吟唱，悠然自得。有时，静静地独自端坐，可以清晰地聆听大自然各种各样美妙的声音。庭院前幽静的环境，吸引着小鸟常来觅食，即使有人来了也不愿飞走。每当农历十五的晚上，皎洁的月光照亮了院前半截墙壁，桂树的影子交杂错落，犹如一幅清淡优美的水墨画，而且是活的水墨画。微风吹来，花影摇动，美丽可爱至极。

文言现象归纳：方丈、下、顾、北向、稍、上、前、洞然、栏楯、胜。

② 第二自然段叙写项脊轩的变迁，回忆母亲和祖母的往事，以“悲”贯穿全段。

先回忆“诸父异爨”引起庭院的变化，反映家庭的败落，笔墨中无不浸透着作者无限的悲情。

通过老妪忆母，再现了慈母的音容笑貌，使作者潸然泪下。

忆及幼年读书时，祖母来项脊轩看望自己，那真挚感人的情景、那谆谆的嘱咐、那沉甸甸的期望，更是让作者忍不住要大哭一场。

这一自然段，作者情感由“悲”到“泣”，再到“长号不自禁”，无不紧扣“亦多可悲”来写，回忆中隐含着作者对家庭变迁的悲叹，对亲人的深切怀念，对自己怀才不遇、有负祖母期望的深深感慨。

文言现象归纳：迨、爨、往往、东犬西吠、庖、凡、居于此、乳、抚、而、过、类、比、不效、瞻顾。

③ 第三自然段叙写自己闭门苦读的情景及项脊轩多次遭火未焚的事情，是对写悲的进一步补充，同时，字里行间透露出作者埋头苦读，要实现理想的期望。

文言现象归纳：为、久之、以、凡、殆。

④ 第四、第五自然段是补写，通过补叙，表达对亡妻的怀念之情。这一部分意在写悲，却先极力叙写当年两人在轩内唱和相随的欢乐，以“喜”衬“悲”，衬托今日丧妻的悲哀。最后，托物抒情，借亭亭如盖的枇杷树，寄托对亡妻深深的怀念之情。

文言现象归纳：为、来归、时、或、归宁、且、无聊、制。

（3）三世变迁——文中作者是怎样描写归家三代变迁的情况的？

本文通过记作者青少年时代的书斋，着重叙述与项脊轩有关的人事变迁，借百年老屋的几经兴废，将与项脊轩有密切联系的往事交织成篇，以生活中的一桩桩琐事，展现了祖母、母亲、妻子三代人与作者的情谊，同时反映了归家三世变迁的沧桑。这里重点从归家家道衰落的一些表象描写中加以分析。

作者善于抓住富有特征性的细节，来描写一个封建大家庭的四分五裂之状，反映归家的败落。归家原本庭院南北相通，是一个整体。自从“诸父异爨”后，设置了许多小门，墙壁到处都是（四分五裂之状）。先用篱笆相隔，后来更用一堵堵墙壁阻断往来（“始为篱，已为墙”）。尤其是“东犬西吠，客逾庖而宴，鸡栖于厅”，寥寥几笔，将一个封建大家庭分家后所产生的颓败、衰落、混乱不堪的情状表现得淋漓尽致。

另外，写祖母到项脊轩来，鼓励作者读书求仕、光宗耀祖这件事，同样可透析出归家家道衰落的状况。归有光祖母的祖父曾在宣德年间担任朝廷官员（太常寺卿），而如今，“吾家读书久不效”，儿辈们科举无望，反以分家为能事，闹得一个钟鸣鼎食之家四分五裂、乌烟瘴气，只有把希望寄托在孙儿归有光的身上了。

（4）四个女人——老妪、母亲、祖母、妻子。

文中共写了四位女子的形象：哺育过两代人的老妪、慈爱的母亲、对“我”寄予厚望的祖母、与“我”恩爱情深的妻子。

（写老妪，是为了写母亲，因此，可以说，作者主要叙述的是三个人。）

① 写母亲——突出“慈爱关怀”。

作者幼年丧母，对慈母的音容笑貌已没有印象。但作者巧妙地通过曾哺乳两代人的乳母之口，感人至深地道出了母亲对儿女的慈爱之心。作者共记叙了母亲的两件琐事：一是母亲当年曾经来过轩中；二是作者的姐姐在老妪怀中呱呱啼哭，母亲闻声问饥问寒的情景。尤其是后面这一细节描写，生动传神、绘声绘色地再现了慈母的音容笑貌，引起作者对母亲的深深怀念，潸然而下。

（要注意抓住“扣门扉”的典型动作细节和“儿寒乎？欲食乎？”的典型语言细节来分析。）

② 写祖母——突出“殷切期望”。

这件事是作者亲身经历的，写法与前或以景抒情，或以人物旁白为叙事主线大不相同。作者主要抓住了三个生动感人的细节来描写祖母。

A. 祖母过来探望“我”，看到孙儿在轩中静静地读书，笑说：“吾儿，久不见若影，何竟日默默在此，大类女郎也？”话语中既有疼爱之情，又有赞赏之意。

B. 祖母离开时，轻手关门，自言自语道：“吾家读书久不效，儿之成，则可待乎！”一个小小的动作，表露出祖母对孙儿的关切之情；喃喃自语中，尤其一个“久”字、一个“待”字，写出了祖母对归家多年功名无望，而今终于从孙儿的埋头苦学中似乎看到了希望的激动和喜悦之情。

C. 不久，祖母“持一象笏至”，说：“此吾祖太常公宣德间执此以朝，他日汝当用之！”情真意切，语重心长，话语中寄托了祖母殷切的希望。作者写到这里，回顾自己多年来科举路上的坎坷（35 岁才中举人，8 次落第而归，60 岁才中进士），怎能不禁不住大哭一场呢？

③ 写爱妻——突出“恩爱情深”。

正面写情：“时至轩中，从余问古事，或凭几学书。”“时”，时常，经常，有“问”就有“答”，有“学”就有“教”。字里行间，仿佛能听见项脊轩中不断传出来的欢声笑语，能感受到他们夫唱妇随、心心相印、志趣相投、情深似海的感人场面。

侧面写情：“吾妻归宁，述诸小妹语曰：‘闻姊家有阁子，且何谓阁子也?’”此语表述非常巧妙，值得玩味：“吾妻”转述的是“诸小妹”的话。“诸小妹”怎么会问起“阁子”的事呢？无疑是因为“吾妻”经常在她们面前提起。由此可以推出，“吾妻”在“诸小妹”面前提起的不仅是“阁子”，还有“阁子”中的人及“阁子”中他们亲密无间的生活。

“其后六年……其后二年……”这几句交代了妻子亡故之后的一些事情，虽看似平淡，却字字含情。“其后六年，吾妻死，室坏不修”，与开头形成鲜明对比：项脊轩原是既小又暗且破，作者“稍为修葺”后独居陋室，悠然自得，其乐无穷。如今，因为“吾妻死”，即使“室坏”也不想修了。作者没有直接写妻子亡故后的伤感，但我们从文章前后的对比中，自然能体会到作者对亡妻深深的怀念之情。“其后二年……不常居”写又过了两年后重修项脊轩等事，妻子亡故已有时日，但复葺旧室，已全然没有了当年的热情，虽然语言平实，但无限伤感溢于言外。

借物抒情：文章到此，看似结束。可作者笔锋一转，又起波澜，巧妙地以描写庭院中亭亭如盖的枇杷树来结束全篇。这看似随意的一笔，却使文章余音缭绕，意蕴无穷。“庭有枇杷树，吾妻死之年所手植也”，看到树，自然想到当年妻子的音容笑貌，也似乎听到了妻子的欢声笑语。而如今，物犹在，人已去，眼前的枇杷树已“亭亭如盖”，有如自己对妻子浓浓的怀念之情与日俱增，缠绵不尽。作者明写树，实则托物抒情，寄托自己对亡妻的怀念之情。

三、课堂总结

文章以项脊轩为感情的触发点，以“多可喜，亦多可悲”的感触为主线，通过对日常生活中的琐事的叙述，表达了对亲人的深切思念之情。无论是结构上的精巧布局，还是表现手法的准确运用，都给我们留下了深刻的印象。那“不事雕琢，自有风味”的朴素清淡的语言风格更是令人回味无穷。本文是作者饱经苦难沧桑之后，用血和泪写就的一篇感人至深、耐人寻味的千古名文。

写作启示：

（1）从平凡的日常生活中选取自己感受最深的事情，通过生动的细节、平实的语言，表达自己的真情实感。

（2）恰当运用细节来表现神韵，借助场景来刻画形象。

（3）物线与情线交织，实写与虚写并用，细节与场景结合。

四、布置作业

熟读课文，背诵并默写“借书满架……珊珊可爱”。

教学反思

在教学过程中，我既注重文言文的固有特点，也注意鉴赏文本中优美的写景段落，启迪学生借助想象来构思这样的意境画面。《项脊轩志》一文中过渡性的语句很明显，在教学中可以借此启发学生学会提纲挈领地解读文本。本文的这一写作特点对我们的作文教学有很好的启示，可以由文本渗透到作文教学中。

（所获奖项：二等奖）

专家点评

在该教案中，教师结合教学实际，充分利用互联网这一现代化的科学技术手段，激发了学生的学习兴趣，同时为学生理解本文搭建了“脚手架”。

在导入新课环节中，教师通过学生熟悉的几篇描写父母的文章引入，使学生对《项脊轩志》形成初步的认知，有助于学生在后续学习中正确分析与理解文章表达的情感。在新课教学环节中，教师尝试采用学生自学质疑、交流展示、互动探究以及教师精讲点拨、拓展延伸的方式来进行，这种教学方式能够促进教师在教学中给予学生更多的思考空间和参与机会，能够帮助学生有效地内化所学知识，但是实际教学中未能有效地体现出学生的合作学习。引导学生从反复阅读以及对文字与语句的挖掘中获得对文章的深入认识，并掌握对文章情感的分析方法，这是语文教学的人文性及工具性的要求。张老师将互联网与教学实践比较好地进行了融合，这使得整个教学设计更加立体，更加饱满。总体来说，该教案是非常不错的。

（点评人：北京师范大学石家庄附属学校　米亚会）

故国之思，亡国之痛
——《相见欢·无言独上西楼》教案及评析

陈　军[1]

教学背景

教学课时：1课时

教学准备：

1. 学生：朗读课文，思考课后练习题；收集有关李煜的资料。
2. 教师：查找与本课教学相关的资料。

教学目标

1. 有感情地朗读、背诵全词。
2. 理解词人所抒发的亡国之痛、故国之思。
3. 创造性地进行阅读和鉴赏。
4. 热爱中国传统文化，提高文化品位和审美情趣。

教材分析

《相见欢·无言独上西楼》是南唐后主李煜的名篇，词牌名为“相见欢”，咏的却是离别愁。这首词是作者被囚时所作。词中的缭乱离愁不过是他宫廷生活结束后的一个插曲，由于当时已经归降宋朝，这里所表现的是他离乡去国的锥心怆痛。这首词感情真挚，深沉自然，突破了花间词以绮丽腻滑笔调专写“妇人语”的风格，是宋初婉约派词的开山之作。

教学重难点

1. 理解词人在作品中流露的忧愁、怀旧的思想感情，领悟作品的意境。

① 陈军，江苏省宿迁市泗阳县城厢中学。

2. 创造性地对词作进行阅读与鉴赏。

教学方法

本课教学内容是一首情感丰富的词。为了突破教学重难点，我以“读”贯穿全文，让学生经历了自读—学读—练读—美读的过程。另外，为了拓宽学生的视野，我在教学中注重“内引外联”，让学生利用网络广泛地收集资料，从而更好地理解本词。

教学过程

一、导入新课

1. 歌曲导入。

播放乐曲《虞美人》，请学生说说听了这首歌曲的感受。

2. 李煜简介。

师：大家知道这首词的作者是谁吗？他为什么会有这样的感情？

（学生根据网络搜索的结果介绍李煜的相关信息，教师出示关于李煜的资料。）

师：我们今天学习的是他的另一首寄托亡国之痛的作品——《相见欢·无言独上西楼》。（板书课题）

二、初读课文，整体感知

1. 自由朗读。

2. 听录音朗读。

3. 模仿朗读。

（1）朗读指导。

师：作者抒发了深重的亡国之痛，我们该用哀痛低沉的语气来读，慢些，再慢些。

（2）配乐《二泉映月》读。

（请一名学生朗读，全班齐读。）

（3）读完后学生进行自评，教师进行总评。

三、研读课文，讨论探究

师：词一般都是上阕写景，下阕抒情议论。作者在上阕中给我们描绘了一幅怎样的图画？抒发了怎样的感情？

1. 研讨、赏析上阕。

师：国学大师王国维曾经说过："一切景语皆情语。"那么李煜选择了哪些景向我们传达他的情呢？

（学生自读课文并思考问题。）

明确：西楼、残月、梧桐、深院。

（1）无言独上西楼。

问：为什么会"无言"？

明确：并非无话可说，而是无人可以倾诉。

问：一个"独"字除了写出孤独之外，还让你产生怎样的联想？

引导学生联系李煜的处境，想象他当时的神情、心理等回答。

问：古诗词中常写到"西楼"，你认为西楼是一个什么样的地方？总是和什么样的情联系在一起？李煜为什么要上"西楼"？

（出示关于古诗词中"西楼"意象的资料。）

师："西楼"是古人登高抒发情怀的"楼"，是一处排遣忧伤或遥望故国、故乡、爱人、友人的伤心地，而这里的"西楼"是李煜遥望故国的伤心之地。

（2）月如钩。

问：明月本是惹人愁思之物，那么如钩之月到底勾起了词人什么样的情绪呢？

明确：故国之思、亡国之痛。

问：请说出古诗词中通过月亮表达愁思的句子。

（出示关于通过月亮表达愁思的诗句。）

问：这里是残月。换成"月如盘"，行吗？

明确：残月就是词人自己，他就像那月亮，孤零零地挂在天上。而满月代表团圆，不符合此时的意境。

（3）寂寞梧桐深院锁清秋。

师："梧桐"一词在古诗词中也是表现愁情的意象。

（出示关于古诗词中"梧桐"意象的资料。）

问：怎样理解"寂寞梧桐"？"清秋"是怎样的一个季节？请用简洁的语言描绘一下。"深院"是什么样的庭院？它会建在什么地方？它的围墙有多高？"锁"字是什么意思？为什么不用"笼"？二者有何不同？

师：把自己想象成李煜，用散文化的语言描述上阕四种景物所构成的意境。

学生齐读上阕。

师：西楼、残月、梧桐、深院、清秋，这一切无不渲染出一个凄凉的境界，反映出词人内心的孤寂之情，为下阕抒情做好铺垫。那么，此情此景，一个亡国之君、一个囚徒会有怎样的心境呢？请看下阕。

2. 研讨、赏析下阕。

师：齐读下阕，比较与上阕写愁的最大不同。

明确：上阕是借助意象来写愁，是写景；下阕是直接写愁，是抒情。

（1）剪不断，理还乱，是离愁。

问：运用了什么修辞手法？你还知道哪些运用这种修辞手法写愁的诗句？

（出示用比喻的修辞手法写愁的诗句。）

问："离愁"是什么愁？是如李清照前期作品的"人比黄花瘦"的儿女情长，还是其后期作品的"只恐双溪舴艋舟，载不动许多愁"的国破人亡？李煜的作品同李清照的一样，因国家命运的改变而分为前、后期，希望同学们课后了解一下他的前期作品，并与这首词进行比较阅读。

（出示关于比较李煜与李清照的作品的资料。）

师：那么，这位昔日的南唐国君心中涌动着怎样的离愁别绪呢？他的离愁，不是一般的男女离别之愁，而是失掉故国的深愁长恨。这离愁，饱含的是对"三千里山河""雕栏玉砌"的怀念；这离愁，饱含的是对自己命运的无奈与彷徨……

（2）别是一般滋味在心头。

问：到底是什么滋味？如果你是李煜，将祖宗打下的江山丢了，自己也成为阶下囚，你会有怎样的感受？

3. 练习背诵这首词。

四、再读课文，拓展延伸

师：这首词既然是写"愁"的，为什么要用《相见欢》的词牌？

（出示关于词牌名《相见欢》的资料。）

《相见欢》，李煜作此调时在归宋之后。故宫禾黍，感事怀人，诚有不堪回首之悲，因此又名《忆真妃》。又因为此调中有"无言独上西楼""月如钩"之句，故又名《上西楼》《西楼子》《秋夜月》。宋人则又名之为《乌夜啼》。

师：同学们如果对李煜这位词人想有更多的了解，请上网收集有关资料，进行较为全面细致的研究。

（出示关于李煜的资料。）

五、齐背课文，欣赏歌曲

师：让我们一起聆听歌手邓丽君演绎的一曲《独上西楼》，再次感受李煜那份浓重的离愁。

（播放歌曲《独上西楼》。）

六、课堂总结

师：中国是诗的国度，诗文化已经浸透到中华民族的血脉之中。赏析并能背诵一些优秀的诗歌，能陶冶情操，净化心灵，提高文学修养。我国的诗歌作品辉煌灿烂、光彩夺目，我们可以自学一些名篇，继承并发扬祖国的优秀文化。

七、布置作业

1. 背诵并默写全词。

2. 阅读李煜的其他作品。

教学反思

在基于网络环境下的语文学习中，学生是学习活动的主人，教师是引导者、组织者。全体师生参与到探索、研究、创造的活动中，实现了生生互动、师生互动、学生与网络互动，培养了学生积极探索、敢于创新的精神。基于网络环境下的语文学习，培养了信息时代学生的基本学习技能，如浏览、获取、过滤、分析、处理信息的技能，交流、沟通的技能，为学生掌握信息时代的学习方式，将来投身于信息化时代进行终身学习，实现可持续发展打下了良好的基础。基于网络环境下的语文学习，不仅可以促使学生转变原有的学习方式，而且可以促使教师更新教学观念和教学方法。

（所获奖项：二等奖）

专家点评

在该教案中，教师在培养学生的基本学习技能（浏览信息、获取信息、过滤信息、分析信息、处理信息）的同时，让学生在课堂中分享其利用互联网获得的知识，有效地激发了学生的学习兴趣，从而为课堂教学的顺利进行奠定了良好的基础。在教学过程中，学生在教师的引导下，经历了自读—学读—练读—美读的过程，充分调动了学习的积极性和主动性，既体会了词作优美的语言，感悟到其中的意境，又提高了文化品位和审美情趣。在教学过程中，教师对《相见欢·无言独上西楼》这首词中的重点字词及语句分析得比较到位，帮助学生理解了作者的情感，同时通过与李清照词作的对比阅读，使得学生能够理解词人所抒发的亡国之痛、故国之思。

本课教学以学生为主体，以教师为主导，教师在课堂中通过讲授及引导帮助学生更好地理解了词作的思想感情及鉴赏方法。如果教师能够设计更多有趣、有效的师生互动活动，将有助于学生更好地进行知识迁移。

（点评人：北京师范大学石家庄附属学校　米亚会）

展凌云壮志，抒革命豪情
——《沁园春·长沙》教案及评析

马园园[①]

教学背景

教学课时：2课时

教学准备：

1. 学生：收集作者毛泽东的相关资料，对作者以及本词的写作背景有大致的了解；初读本词，了解大意，并尝试诵读；自学本词，思考学案中的问题，提出自学中遇到的问题。

2. 教师：利用互联网搜索《沁园春·长沙》的相关教学材料，制作多媒体课件。

教学目标

1. 能有感情地背诵本词，掌握“舸”“遏”“遒”等词语的意义；联系上下文揣摩用词的精妙，尤其是动词的传神之妙。

2. 自主体验毛泽东诗词气势磅礴、雄奇伟壮的风格，小组探讨演绎，交流分享；能够提出问题，发表意见，通过诗词中富有表现力的语言，体会宏阔的意境。

3. 感受毛泽东青年时代的伟大抱负和革命情怀，学习毛泽东的革命精神，培养宽广的胸襟，追求完满的人生。

教材分析

《沁园春·长沙》是我国伟大革命领袖毛泽东早年创作的一首词，作者通过对长沙秋景的描绘和对青年时代革命斗争生活的回忆，抒写出革命青年

① 马园园，山东省青州第八中学。

对国家命运的感慨和以天下为己任，蔑视反动统治者，立志改造旧中国的豪情壮志。教学设计的主导思想是创设自由的环境，使学生主动参与、乐于探究、勤于实践。通过小组合作、探究来演绎文本，形成一种注重整合、倡导开放、充满生命活力的课堂教学新模式，进一步促进学生在教师指导下富于个性化地学习。本课通过合作探究和精讲点拨，让学生初步掌握诗歌鉴赏的基本方法，如知人论世、情景交融等。

教学重难点

1. 能有感情地背诵本词，掌握“舸”“遏”“遒”等词语的意义。

2. 自主体验毛泽东诗词气势磅礴、雄奇伟壮的风格；能够通过诗词中富有表现力的语言，体会宏阔的意境，学习融情于景的写作手法。

教学方法

1. 小组合作法：让学生采用小组合作探究的方式，找出词的上阕中富有表现力的词语，赏析本词宏阔的意境。

2. 情景再现法：请学生找出词中作者所描绘的意象，并将意象所营造的意境用文字描述出来。

3. 阅读指导法：指导学生在了解本词内容的基础上诵读。

教学过程

第 1 课时

一、导入新课

师：青春，是立志的季节。立志，使我们有了前进的方向、勇气、毅力和意志。志当存高远，大文豪苏轼有句名言：“古之立大事者，不惟有超世之才，亦必有坚忍不拔之志。”伟大领袖毛泽东，叱咤风云，开天辟地，他在青春年少时就胸怀壮志，哪位同学可以介绍一下？

生：1911 年，毛泽东投笔从戎，在湖南参加新军。1919 年在长沙创办《湘江评论》。第二年又发起组织了新民学会和俄罗斯研究会，积极宣传马克思主义。同年，在湖南创建共产主义组织。1921 年参加中国共产党第一次全国代表大会。1926 年，他从韶山到广州主持第六届农民运动讲习所并担任所长，途径长沙，重游橘子洲，写下了《沁园春·长沙》。

（出示关于毛泽东的资料。）

师：初中时大家曾学习过毛泽东的词《沁园春·雪》，我们不妨来背诵一遍，重新感受这首词。

沁园春·雪

北国风光，千里冰封，万里雪飘。
望长城内外，惟余莽莽；
大河上下，顿失滔滔。
山舞银蛇，原驰蜡象，欲与天公试比高。
须晴日，看红装素裹，分外妖娆。

江山如此多娇，引无数英雄竞折腰。
惜秦皇汉武，略输文采；
唐宗宋祖，稍逊风骚。
一代天骄，成吉思汗，只识弯弓射大雕。
俱往矣，数风流人物，还看今朝。

（出示关于《沁园春·雪》的资料。）

师：在这首词中，作者纵横泼墨，大笔挥洒，描绘了一幅雄奇瑰丽的北国风光图，抒发了一种豪迈情怀，表现了一位伟大的革命家非凡的精神世界和宏大的政治气魄。

作为一位伟大的革命家、诗人、书法家，毛泽东还写出了很多像这样情景交融、抒情言志的篇章。今天，我们就来学习他的另一篇词作——《沁园春·长沙》。

（板书课题，出示学习目标。）

二、检查预习

师：哪位同学来给大家介绍一下“词”的相关知识？

（出示关于词这一文学体裁的资料。）

师：既然词有词牌和题目之分，那这首词的词牌是什么？

（出示关于词牌和“沁园春”词牌的资料。）

请一位学生朗读这首词，其他学生纠正错误，然后教师强调易错字词，学生齐读两遍进行巩固。

三、合作探究

师：我们回顾了毛泽东的词作《沁园春·雪》，又了解了关于词的常识，那么，今天我们要学习的这一首词描绘了怎样的景色，抒发了怎样的壮志呢？

1. 指导诵读。

（1）请学生诵读，学生自评。

问题：对感情把握得不到位。

原因：不能充分理解词作内容。

（2）听课文录音，初步感受诗情。

（3）对学生进行诵读技巧的指导（节奏、重读、停顿）。

朗读词时的节拍停顿：

① 主语和谓语之间要停顿。例如，鹰/击长空，鱼/翔浅底。

② 动词与宾语之间要停顿。例如，怅/寥廓，问/苍茫大地，谁/主/沉浮？

③ 领字后面要停顿。例如，看/万山红遍；恰/同学少年。

④ 四字句按“二二”停顿。例如，湘江/北去；层林/尽染。

（4）教师范读，强化认识。

（播放《沁园春·长沙》朗诵视频。）

2. 整体感知。

以作者的活动为主体，找出表现全词线索的动词。

上阕：立、看、怅、问。

下阕：忆、记。

3. 合作学习词的上阕。

（1）请找出上阕中的意象，并看看作者是用什么词语修饰这些意象的。

提示：什么是古诗词中的意象？

古诗词中，作者的抒情往往不是情感的直接流露，也不是思想的直接灌输，而是言在此意在彼，写景则借景抒情，咏物则托物言志。这里所写之“景”、所咏之“物”，即为客观之“象”；借景所抒之“情”，咏物所言之“志”，即为主观之“意”：“象”与“意”的完美结合，就是“意象”。作者的高明之处往往就在于他能创造一个或一群新奇的“意象”，来含蓄地抒发自己的情感。

上阕中的意象：山、林、江、舸、鹰、鱼。

（2）这些句子中哪个词语特别富有表现力？

提示：分析写景的语言，也就是分析精妙的词的用法。对于静景描写，我们往往要注意形容词和副词；对于动景描写，我们往往要注意动词。

① 试比较“鹰击长空”与“鹰飞长空”的区别。

“击”字写出了雄鹰搏击长空的豪迈，“飞”字则体现不出这种气势。

② 试比较“鱼翔浅底”与“鱼游浅底”的区别。

“翔”字本用于鸟类，用在这里，写出了鱼的自由轻快，像鸟一样盘旋的姿态；“游”字则很常见。

③ 试比较“万类霜天竞自由”与“万类霜天都自由”的区别。

“竞”字写出了万物奋发自强、蓬勃发展的生机；“都”字则只显示了一种状态，不能体现这种竞争性。

（出示关于古诗词中常见意象的资料。）

（出示关于诗词炼字的练习题。）

（3）请根据你的理解将意象所营造的意境用文字描述出来。

这是一幅立体的寥廓万里、绚丽多彩的湘江秋景图。远望千山万岭，枫林如染，像熊熊燃烧的烈火；近看漫江水碧，千帆竞发，像战场上无数奋进的勇士。抬眼望，雄鹰展翅，矫健勇猛，搏击长空；低头看，游鱼戏水，自由轻快，生机盎然。

总结意境：这是一幅绚丽多彩、生机勃勃、昂扬向上的秋景图。

（4）历代写秋的诗文很多，但大多是悲秋之作。同样是写秋，为什么在毛泽东的笔下却如此绚丽多彩、生机勃勃呢？

这与毛泽东所处的时代和他的心境有关。

（出示关于描写秋的诗句和《沁园春·长沙》的写作背景。）

（5）作者在面对如此多娇的江山的时候想到了什么？为什么会产生“怅”的情绪？

大自然的盛衰荣枯由谁来主宰？国家、民族的命运究竟由谁来掌握？

“问”道出了词的主旨，提出了革命政权的领导权问题。这一非同寻常的发问是作者由自然景观联想到人类社会与政治风云后发自内心的感慨，表现了作者博大的胸怀和远大的抱负。

四、总结规律

通过学习上阕，归纳鉴赏诗词的方法。

1. 知人论世，了解作者和时代背景。

2. 注意抒情和写景的关系。

3. 通过鉴赏诗词意象体会意境。

（出示关于情景交融描写手法的资料，播放《沁园春·长沙》朗诵视频。）

五、布置作业

1. 背诵词的上阕。

2. 运用学习上阕的方法学习下阕。

第2课时

一、合作探究

1. “谁主沉浮?”作者回答了这个问题吗?作者对哪些内容作了回答?

抒情回答,慷慨激昂。

“恰同学少年,风华正茂;书生意气,挥斥方遒。指点江山,激扬文字,粪土当年万户侯。”

2. 这几句话塑造了一群怎样的青年人形象?

塑造了一群以毛泽东为代表的风华正茂、奋发有为、胸怀天下、无私无畏、敢于斗争的青年人形象。

(出示关于图书《毛泽东之路》《毛泽东和他的父老乡亲》的资料。)

3. 怎样理解“曾记否,到中流击水,浪遏飞舟?”?

1958年,毛泽东批注道:“击水:游泳。那时初学,盛夏水涨,几死者数。一群人终于坚持,直到隆冬,犹在江中。当时有一篇诗,都忘记了,只记得两句:‘自信人生二百年,会当水击三千里。’”(注:这两句诗是毛泽东早年冬游衡山时所作)

“曾记否,到中流击水,浪遏飞舟?”有何深意?

这里既是实写,也是虚指,实写作者和同学搏击风浪,虚指革命的决心和斗志,表现了当年他们激流勇进、一往无前的英雄气概和乐观向上的豪情壮志,也是对一切愿意献身革命事业的志士仁人的号召和动员。

4. 有人认为这首词表现了毛泽东主宰天下、独领风骚的霸气,你认为呢?

毛泽东的霸气包含着一种对国家和民族的责任感、一种舍我其谁的使命感。

二、课堂总结

如果说上阕侧重写景,那么下阕侧重什么?

侧重抒发作者的革命豪情。作者通过回忆往昔不平凡的岁月,表现了自己和战友们的革命精神和豪情壮志,且形象、含蓄地给“谁主沉浮”作答:主宰国家命运的,是以天下为己任,蔑视反动统治者,改造旧中国的革命青年。

三、指导学生诵读

播放《沁园春·长沙》朗诵视频。

四、拓展练习

忆秦娥·娄山关

西风烈，长空雁叫霜晨月。
霜晨月，马蹄声碎，喇叭声咽。

雄关漫道真如铁，而今迈步从头越。
从头越，苍山如海，残阳如血。

1. 这首词的词牌是________________，它跟词的____________有关；词题是________________，它跟词的________________有关。

2. 这首词写了哪些意象？渲染了一种什么样的气氛？

____

3. “雄关漫道真如铁，而今迈步从头越”表达了红军________的情感。

4. 上阕中哪些字词用得好？好在哪里？

（出示关于《忆秦娥·娄山关》的资料。）

五、布置作业

1. 背诵并默写全词。

2. 完成学案上的相关练习题。

教学反思

个人以为毛泽东的《沁园春·长沙》不是颂秋。眼中生机勃勃的景象正是勾起作者深沉的思考的源头，学习时要抓住一个“怅”字，这个“怅”字包含了很多情感。“问苍茫大地，谁主沉浮？”在上阕中，毛泽东以疑问结尾，是对宇宙、对自身的一种质问。

我在讲授这首词时，主要拓展了一些知识，让学生了解了自古以来文人的“悲秋”情结。为什么文人对秋有无尽的悲叹，而毛泽东这首词中丝毫没有悲伤的情绪？从这点入手，让学生学会诗歌鉴赏中知人论世和情景交融的方法。

今后，我会不断地反思教学，使自己的语文教学水平更上一层楼。

（所获奖项：二等奖）

专家点评

在该教案中，教师在教学准备阶段要求学生自主查找与本课内容相关的资料，丰富自身的知识储备，有效地激发了学生的学习兴趣，为课堂教学的顺利开展奠定了良好的基础。同时，教师根据课堂教学需要，利用互联网搜索与词作相关的教学材料，并制作成多媒体课件，在课堂上向学生展示，使学生产生直观的感受，降低了学习难度。

该教案充分体现了“以学生为主体、以教师为主导”的教学思想。在整个课堂教学过程中，学生主动参与、乐于探究、勤于实践，并通过小组合作学习的方式来探究词作，初步掌握了词作鉴赏的基本方法，如知人论世、情景交融等。

值得一提的是，教师注重通过播放课文范读视频、教师范读、对学生进行诵读技巧的指导等多种方式来调动学生朗读的积极性和主动性，让学生能够在教师的引导下自主品味语言，感悟意境，加深对词作意境的理解。但这节课在语文味上还有所欠缺，希望教师能够在这方面多加注意。

（点评人：北京师范大学石家庄附属学校　米亚会）

吊古伤怀，展现豪迈气概
——《念奴娇·赤壁怀古》教案及评析

郭丽丽①

教学背景

教学课时：1 课时

教学准备：

1. 学生：认真预习课文，读准字音，读懂词的大意；把自己在预习当中遇到的问题记录下来。

2. 教师：提前告之学生上课的内容、预习的方向、上课的地点以及需要注意的事项；利用互联网收集本课的相关资料，写好教案，制作多媒体课件，准备多媒体语音室。

教学目标

1. 了解苏轼的生平和思想，了解这首词的写作背景。

2. 有感情地朗诵这首词，品味苏东坡豪放词的语言之美，并尝试背诵这首词。

3. 感受苏东坡豁达豪放的人格魅力，学习他乐观自信的人生态度。

教材分析

《念奴娇·赤壁怀古》是豪放词的代表作之一，在整个古代文学史上有着举足轻重的地位。这首词通过对月夜江山壮美景色的描绘，借对古代战场的凭吊和对风流人物的才略、气度、功业的追念，表达了作者怀才不遇、功业未就、老大未成的忧愤之情，同时表现了作者关注历史和人生的旷达之心。

① 郭丽丽，山东省青州第八中学。

学生学习这首词，不但要品味词的语言美，更要感受作者的人格魅力。

教学重难点

1. 有感情地朗诵这首词，品味苏东坡豪放词的语言之美，并能背诵这首词。

2. 感受苏东坡豁达豪放的人格魅力，学习他乐观自信的人生态度。

教学方法

本课采用诵读感悟式教学法。这首词是宋词中的经典，文辞优美，感情浓厚，境界开阔，应引导学生多多诵读，品味语言，感悟意境，特别是抒情部分更要仔细玩味。诵读法贯穿整个教学过程，既加强了学生对词作主旨的理解，又培养了学生的语感。

教学过程

一、导入新课

（播放歌曲《滚滚长江东逝水》，营造开阔雄浑的意境。）

师：刚才我所播放的歌曲应该是大家耳熟能详的，它是电视剧《三国演义》的片头曲。在前奏部分，我们首先听到的是战争前的鼓角争鸣，这样的歌曲使我们自然而然地联想到三国这个充满纷争的时代。自古乱世出英雄，因此，三国时代留下了很多英雄事迹让后人来品评。

出师一表真名世，千载谁堪伯仲间。（写鞠躬尽瘁的诸葛亮）

天下英雄谁敌手？曹刘。生子当如孙仲谋！（写驰马射虎的孙权）

东风不与周郎便，铜雀春深锁二乔。（写足智多谋的周瑜）

酾酒临江，横槊赋诗，固一世之雄也。（写能文能武的曹操）

师：每个人心中都有自己的英雄，而苏轼最欣赏的又是谁呢？（周瑜）三国时代涌现出这么多的英雄人物，为什么苏轼偏偏就对周瑜情有独钟呢？（板书：为何独爱周瑜？）

二、检查预习

1. 作者的基本情况。

苏轼（1037—1101），字子瞻，又字和仲，号东坡居士，眉州眉山（今属四川）人，北宋文学家、书法家、画家。与父苏洵、弟苏辙合称“三苏”。

他在文学艺术方面堪称全才。其文汪洋恣肆，明白畅达，与欧阳修并称“欧苏”，为“唐宋八大家”之一；其诗清新豪健，善用夸张、比喻，在艺术表现方面独具风格，与黄庭坚并称“苏黄”；其词开豪放一派，与辛弃疾并称“苏辛”；在书法方面亦有造诣，擅长行书、楷书，能自创新意，用笔丰腴跌宕，有天真烂漫之趣，与黄庭坚、米芾、蔡襄并称“宋四家”。

（出示关于苏轼的资料。）

2. 字音。

故垒（lěi）　　雄姿英发（fā）　　羽扇纶巾（guān）

樯橹（qiáng）　早生华发（fà）　　酹（lèi）

三、写作背景

“乌台诗案”是中国历史上一次有名的文字狱。苏轼因才华横溢而得到宋神宗的赏识，成为当时政坛上的明星和文坛上的领袖。但是，他在政治上坚决反对王安石的变法，还写了一些诗文以揭露和讽刺，引起了王安石一派许多官员的强烈不满。于是，他们从苏轼的诗文中找到罪证，用牵强附会的手法指控苏轼怀有谋反之心。

1079 年，苏轼被捕下狱，不论在朝在野，政见同与不同，营救者不计其数。最后，宋神宗决定不杀苏轼，但将其贬至黄州担任团练副使。1082 年，苏轼游赤壁时在心情极其复杂的情况下写下了这首词。

（出示关于“乌台诗案”的资料。）

苏轼之所以能够到赤壁游览，是因为一场莫须有的文字狱，被贬到黄州，这成了苏轼人生的转折点，这般炼狱的经历让苏轼真正走向成熟。这完全是得益于其豪放、旷达的胸襟。

四、诵读

1. 学生根据自己的理解诵读。

2. 请两名学生读。

3. 听名家诵读。

4. 学生齐读。

五、赏析

要鉴赏诗歌的内容，首先要看题目，诗的题目与内容有关。

解题：赤壁怀古—怀古诗（题材）

怀古诗：临古地—思故人—抒己志

（出示关于怀古诗的资料。）

（一）学习上阕

1. 学生齐读这首词的写景片段（上阕）。

2. 提问：上阕描写了赤壁古战场怎样的景色？它的特点是怎样的？请用一个精练的词或短语来概括。

明确：雄浑、壮阔，撼人心魄，气势恢宏、磅礴，似有气吞天下之势，等等。

3. 提问：我们虽然没有亲眼看见赤壁的壮观景象，却能感受到一种雄浑壮阔的意境，这完全得益于作者用词的艺术。你觉得上阕中哪些词用得很有味道，为什么？

学生思考、交流、明确：淘、穿、拍、卷。

（1）淘。不仅写出了长江奔流的气势，而且将写景与写人融合在一起，为我们创造了一个旷远、深邃的意境。多少英雄人物，多少英雄故事，一个“淘”字，一下子如放电影般将其推到了我们的眼前。此时，我们的耳边似乎又响起了电视剧《三国演义》中的那首片头曲：“滚滚长江东逝水，浪花淘尽英雄。是非成败转头空。青山依旧在，几度夕阳红。”可以这样说，滚滚东流的江水已经超脱了物理意义上水的概念，它已经成了中国文化的一个重要载体。

（2）穿。写出了山峰高耸入云的气势以及山崖的陡峭。

（3）拍。写出了惊涛的力度之大，拍击江岸，澎湃有声。

（4）卷：写出了浪花的汹涌，而用“千堆雪”，形象真切。柳永的《望海潮》中也有一个“卷”字。“怒涛卷霜雪，天堑无涯。”一个“卷”字写出了钱塘江大潮的壮观，可谓有声有色。

赤壁美景的特点：磅礴、宏伟。

作者的语言：江山如画。如画的江山要有英雄、美人来相配，此时作者想到了谁？(周瑜)

（二）学习下阕

师：作者是怎么描写周瑜的？

“小乔初嫁了”——年轻得意。

师：我们平时所接触到的“出嫁”与此处的“初嫁”，效果上有什么不一样呢？苏轼写周瑜，主要写赤壁之战，却在此插入了10年前的生活细节——小乔刚刚出嫁，这是不符合实际的，但如果按实际情况选择了“出嫁”这个词语的话，小乔已经变老，那么便不够美了，而周瑜同样地也在变化。所以，美女衬英雄，以小乔刚出嫁更衬托出周瑜的年轻有为、春风得意，足以令人艳羡。艺术，为了表达需要，有时是可以虚构的。

“雄姿英发”——英俊潇洒。

“羽扇纶巾”——态度从容。

师：周瑜束装儒雅、风度翩翩，是当时时髦的儒将打扮，这更显出了他作为指挥官的那种潇洒从容。

“谈笑间，樯橹灰飞烟灭”——指挥若定，足智多谋。

打仗时还在谈笑，显然不把敌人放在心上，对战争有着必胜的把握。赤壁之战对东吴来说，是一场以弱敌强的战争。而作为统帅的周瑜不仅没有丝毫的畏惧，反而越发地从容、沉着。谈笑间，借着东南风，巧用火攻烧掉了曹操的战船。“樯橹”点出了水战，“灰飞烟灭”点出了火攻，这句话精确地概括了整个战争的胜利场面。

师：江山依旧，人事全非。赤壁是周瑜建功立业的战场，却是苏轼被贬谪后流连的去处。且看二人的资料对比。

基本情况	周瑜	苏轼
年龄	33	45
生活	幸福美满	屡遭不幸
外貌	英俊儒雅	早生华发
际遇	功成名就	壮志未酬

周瑜 23 岁被授予建威中郎将，并娶了江东美女小乔，33 岁担任孙刘联盟赤壁之战的总指挥，而苏轼呢？

我们所认识的苏轼是很有才华的，诗歌方面与江西诗派的核心人物黄庭坚并称“苏黄”；词方面与辛弃疾并称“苏辛”，人提豪放派必提“苏辛”；书法方面与黄庭坚、米芾、蔡襄并称“宋四家”；散文方面又列于“唐宋八大家”。虽然苏轼才华横溢，但是他的仕途颇为坎坷。苏东坡来黄州之前，官场受挫，险遭杀头之祸。在文化圈里，也备受非议与妒忌，他是满怀绝望、伤痕累累地来到黄州这个当时还很荒凉的地方的。这时的他已人到中年，老之将至，却功业无成。中国古代知识分子普遍存在着一种出世与入世的精神矛盾，也难怪苏轼发出了“多情应笑我，早生华发”的感慨。他想到自己年岁已老，却无法如周瑜般建功立业，可以说是壮志未酬，心中涌动的是一种惆怅与失意。

但作者没有被这种惆怅和失意所困住，而是将其消解在了酒中。“人生如梦，一尊还酹江月。”

这其实也是他的一种人生态度。苏轼将自己与周瑜进行对比，这种落差是极大的，更增添了他壮志未酬的失落，所以心境苍凉，情绪消沉是难免的。但是，他真的消极吗？苏轼毕竟是苏轼，他特别想得开，“人生如梦”，人生犹如梦一般，所有风流人物不也都随着大江而东去，洗涤荡尽了吗？那么又何必执着呢？人生不如意事十有八九，所以他也特别洒脱，把酒洒在地上，祭奠江月了。

因此，作者的情感是有变化的，由开始的激昂慷慨，到后来的惆怅失意，最后趋于平静。

六、布置作业

背诵并默写全词。

教学反思

这是我第一次利用自主学习平台指导学生学习，问题当然很多。首先，最让我措手不及的就是没有提前让学生到多媒体语音室适应，因此学生一进入教室就很兴奋，久久无法平静，很多内容自然就无法开展。其次，由于时间确实很仓促，有个别小组不能完成我交代的任务。再次，由于经济条件的限制，部分学生家里没有电脑，导致作业完成得比较困难。但总的来说，这是一次不错的尝试，它打破了教师讲授、学生听课的传统教学模式，把学习的主动权还给了学生。对学生来说，听到的不如自己搜索到的记得深刻，更何况诗词的最美之处不是教师讲出来的，而是学生自己悟出来的。利用互联网进行自主学习应该会在未来的学习模式中占有很大的比重，尽管我们这节课存在一些不足之处，但重要的是，学生懂得了如何去学习。

（所获奖项：二等奖）

专家点评

课前，教师要求学生认真预习课文，读准字音，读懂词的大意，为课堂教学的顺利进行打下了良好的基础。同时教师利用互联网搜索与本课教学内容相关的多媒体资料，并应用到教学实际中，在提高学生学习兴趣的同时帮助学生更好地理解了词作。

本课采用诵读感悟式教学法，在具体的各个教学环节中，通过学生自由读、学生范读、名家诵读、学生齐读等多种方式来调动学生学习的积极性和主动性，加强了学生对词作主旨的理解，同时培养了学生的语感，充分体现了语文学科的人文性和工具性。值得注意的是，在本课教学过程中，教师打破了传统的教学模式，给予学生足够的自主学习的时间与空间，让学生积极参与课堂教学活动，取得了良好的效果。

总体来说，本课教学将丰富的互联网资源与教学实践进行了完美融合，使得整个教案更加立体、更加饱满，值得一线语文教师学习。

（点评人：北京师范大学石家庄附属学校　米亚会）

一入金陵，宝黛初会

——《林黛玉进贾府》教案及评析

施秀玲[1]

教学背景

教学课时：2 课时

教学准备：

1. 学生：收集《红楼梦》及其作者曹雪芹的相关资料，自制有关知识小卡片；上网搜索并观看《红楼梦》的视频；初读课文，读准生字的读音，了解课文大意。

2. 教师：利用互联网搜索相关资料，制作多媒体课件。

教学目标

1. 把握文中贾宝玉、林黛玉、王熙凤的性格特点，学习环境描写的作用，深入体会《红楼梦》的艺术魅力。

2. 培养自主学习的良好习惯，掌握阅读古典小说的方法。

3. 认识《红楼梦》的反封建意义和作者曹雪芹对当时社会黑暗现实的批判态度。

教材分析

《林黛玉进贾府》选自《红楼梦》的第三回，通过林黛玉的耳闻目睹和内心感受，对贾府第一次展开正面描写，小说中的很多主要人物也是第一次公开亮相。林黛玉进贾府的行踪是这一回中介绍贾府人物、描写贾府环境的线索。本课主要引导学生理解课文内容，体会人物描写的方法，把握人物形

① 施季玲，黑龙江省汤原县鹤立中学。

象。通过本课的学习，学生能了解中国古典小说的特点，提高阅读与鉴赏小说的能力。

教学重难点

1. 分析人物形象，深入体会《红楼梦》的艺术魅力。

2. 分析小说运用外貌描写、语言描写等刻画人物的方法。

教学方法

1. 直观展示法：利用多媒体，帮助学生更直观地把握小说内容。

2. 研究性学习法：学生通过观看视频、预习、合作探究，掌握课文内容。

教学过程

第1课时

一、歌曲导入

（播放歌曲《枉凝眉》，创设情境。）

师：歌中唱道："一个是阆苑仙葩，一个是美玉无瑕。"结果呢？一个是整天为他哭泣（林黛玉），一个是整天为她牵挂（贾宝玉）。"水中月""镜中花"这两个形象的比喻对造成爱情悲剧的现实提出了质问。今天，我们一起来读节选自《红楼梦》的《林黛玉进贾府》，走进贾府这个封建大家庭。

二、检查预习

师：哪位同学来给大家介绍一下《红楼梦》及其作者曹雪芹的相关知识？

（出示关于《红楼梦》以及曹雪芹的资料。）

师：这篇课文所讲的故事选自《红楼梦》当中的哪一回？这一回主要讲了什么内容？

（出示《红楼梦》第三回的情节简介。）

介绍金陵十二钗，以激发学生阅读《红楼梦》的兴趣。

三、合作探究

1. 林黛玉进贾府的路线。

贾府是一座大宅子，黛玉走了哪些地方？

各小组通过讨论与合作，画出林黛玉进贾府的简要路线图，并投影展示。

（出示林黛玉进贾府的路线图。）

2. 典型环境的塑造。

（1）思考：林黛玉听母亲说过，她外祖母家与别人家不同，那么这次来了，她看到的、感受到的与别人家有哪些不同？默读课文，找出文中描写贾府环境的语句，并在课文中做出标记。

总结并板书：

- 贾府
  - “硬件”
    - 宏伟的外观
    - 讲究的布局
    - 华贵的陈设
  - “软件”
    - 非凡的服饰
    - 骄矜的气质
    - 烦琐的仪节
  - 富贵尊荣
  - 等级森严

（2）思考：这一典型环境的描写反映了什么？有何作用？

小组讨论，各小组派代表总结发言，教师做最后总结。

① 展示日常生活情景，显示贵族生活的豪华奢侈。

② 是地位身份的象征，人物关系的显现。

③ 为人物活动、情节展开提供场景。

④ 是人物个性品质和生活情趣的写照。

表现了贾府的宏伟气派，也显示出贵族之家的威严和显赫，反映了封建统治阶级骄奢淫逸的生活和阶级对立、阶级压迫的社会现实，这一典型的环境就是封建社会的一个缩影。

四、课堂总结

师：本节课我们通过林黛玉的眼睛，对贾府的布局、装饰等有了初步的了解。那么在贾府这样奢华的环境中，生活着一些什么样的人呢？我们下一节课将进一步分析。

五、布置作业

1. 找出文中有关人物描写的语段。

2. 观看视频《林黛玉进贾府》。

第2课时

一、合作探究

1. 肖像描写。

从文中找出林黛玉、贾宝玉、王熙凤的肖像描写的相关句子，并进行对比，分别体现了他们什么样的性格特点？请一位学生朗读肖像描写的相关句子，小组讨论并形成书面材料，分析肖像描写所反映出的三个人物的性格特点。

明确：

林黛玉：多愁善感，体弱多病，聪明颖悟。

贾宝玉：容貌清秀，多情公子，女儿情态。

王熙凤：貌美心狠，风骚庸俗，刁钻狡黠。

2. 语言描写。

语言是展现人物性格特征的一个重要手段，文中王熙凤的语言特点最为鲜明。

(1) 王熙凤出场的方式是怎样的？结合相关语句分析。

明确：未见其人，先闻其声。

(2) 找出王熙凤其他的语言描写，并分析其体现的性格特点。

“天下真有这样标致的人物……去世了！”（八面玲珑，阿谀奉承）

“正是呢……该打，该打！”（虚伪，善于逢迎）

“这倒是我先料着了……好送来。”（精明强干）

3. 动作描写。

思考：贾宝玉的“摔玉”这一动作，体现了他什么样的性格特点？

学生讨论，教师总结。

“摔玉”这一动作体现了贾宝玉的娇惯与叛逆，从深层次来说，表现出他对天命的反抗、对世俗的鄙弃、对礼教的鄙视。

二、课堂总结

师：通过本课的学习，我们对贾府及府中的人物有了初步的了解，并总结了刻画人物的方法，对《红楼梦》的艺术魅力和思想价值有了一些了解，希望大家课后通过互联网搜索能对《红楼梦》有进一步的了解。

三、布置作业

探讨王熙凤的性格，写一篇不少于800字的文章。

教学反思

《红楼梦》这部鸿篇巨制无论从思想上还是艺术上都达到了我国古代现实主义小说的高峰，在有限的时间内很难让学生真正体会，而且学校的现代化教学手段具有局限性，不能充分发挥教学资源的有效性，导致学生的学习兴趣不高，加之学生基础薄弱，文化积淀浅薄，所以学习《红楼梦》有一定的困难。如果能给学生更多利用网络资源的机会，会大大提高学生的学习兴趣，让学生掌握学习的更多途径，对学生日后的成长更有利。

（所获奖项：二等奖）

专家点评

在教学准备过程中，教师要求学生自主收集与本课教学内容相关的资料，并自制知识卡片，解决字词问题，了解课文大意，既培养了学生自主学习的良好习惯，又为课堂教学的顺利进行做了铺垫。

本节课学生的主要任务是分析人物形象，深入体会古典名著《红楼梦》的艺术魅力，分析小说运用肖像描写、语言描写等刻画人物的方法。在教学过程中，教师尝试让学生通过自主、合作、探究的方式来更好地了解《红楼梦》及其主要人物的性格特点。在教师的引导下，学生对林黛玉、贾宝玉、王熙凤三个人物的形象特点有了初步的了解，掌握了《红楼梦》中刻画人物的方法，对《红楼梦》的艺术魅力有了一定的了解。最后，教师布置了一份作业——探讨王熙凤的性格，写一篇不少于 800 字的文章，促使学生在课后更加深入地探索作品中的人物的性格。

需要注意的是，教师在引导学生诵读文章方面做得不够，这会影响学生对文章内容的整体把控，希望教师在这方面进一步完善。

（点评人：北京师范大学石家庄附属学校　米亚会）

满怀悲愤无处投，一腔豪情伴酒洒
——《将进酒》教案及评析

王仲伟[①]

教学背景

教学课时：1课时

教学准备：

1. 学生：利用网络资源了解李白以及《将进酒》的写作背景；通读文本，理解和识记最基本的字音和文意。

2. 教师：利用互联网搜索相关资料，制作多媒体课件。

教学目标

1. 反复诵读，体会李白诗歌豪放飘逸的艺术特点。

2. 理解诗歌表达的思想感情，了解李白的人格魅力。

教材分析

《将进酒》是李白咏酒的名篇，也最能代表诗人的个性品质和艺术品格。

本课的主要目的是让学生通过吟咏和诵读，领悟李白诗歌的风格特色，读出李白诗歌特有的诗境和诗情。《将进酒》时而奔放，时而深沉，感情大起大落，诗情由悲壮转为欢乐，继而变为激愤，再转为狂放，最后如火山爆发，气势如大江奔流。这首诗感情变化明显，学生容易进入吟咏和体会情感的体验阅读中。

---

① 王仲伟，山东省高密市凤城中学。

教学重难点

1. 背诵并默写诗歌。

2. 理解诗歌表达的思想感情，体会李白诗歌的浪漫主义风格。

教学方法

《将进酒》是一首抒情诗，诗中所表达的感情多是十分强烈的。因此本课的教学主要是让学生从反复的诵读中体悟诗人的思想感情及诗歌的艺术魅力。

教学过程

一、导入新课

师：余光中先生有一首诗《寻李白》，其中有几句是这样写的："酒入豪肠，七分酿成了月光，余下的三分啸成剑气，绣口一吐就半个盛唐。"

李白因为诗写得独绝千古而获得了"诗仙"的称号，也因为他的酒而留下了"酒仙"的美名，那么，李白是如何使他的酒和他的诗完美地结合在一起，又将怎样的感情倾注于其中的呢？今天我们就通过一首诗来走近李白。这就是他的《将进酒》。

（播放《将进酒》朗诵视频。）

学生齐读。

二、背景简介

学生介绍课前收集的有关《将进酒》的写作背景的资料，教师补充。

三、解释课题

"将进酒"原是汉乐府的曲名。将，读 qiāng，"请""愿"的意思。"将进酒"意即"劝酒歌"，多以饮酒放歌为内容。李白的这首诗是借用乐府旧题来抒发自己内心的情感。

四、诵读指导

1. 朗读诗歌，注意节奏、韵律以及情感的变化，并在课本上做适当的标记。

2. 指导学生用不同的方式朗读课文。

（1）学生自己大声读两遍。

（2）学生展示，师生点评。

（3）配乐诵读。

（播放古筝独奏《雪山春晓》视频，作为背景音乐，学生自由诵读。）

（4）齐读。

（学生根据自己的理解和对示范诵读的模拟，大声齐读。）

五、问题探讨

1. 出示《将进酒》的资料，并利用课本中的注释开展研究性学习。学生独立钻研、思考如下问题。

（1）从整体上看，“黄河之水天上来，奔流到海不复回”含有比喻，这比喻的意义是什么？如何理解“高堂明镜悲白发，朝如青丝暮成雪”？

点拨：“君不见黄河之水天上来”，作者一开始就将我们拉到了奔腾咆哮的黄河岸边，黄河之水一泻千里，大有“飞流直下三千尺，疑是银河落九天”的气魄。

师：大家看到这么气势磅礴的黄河的时候，心情怎么样？

生：激动。

师：几乎所有的文人面对着流水，都会诗兴勃发。比如，“子在川上曰：‘逝者如斯夫！不舍昼夜”，曹操的“东临碣石，以观沧海”，苏轼的“大江东去，浪淘尽，千古风流人物”“哀吾生之须臾，羡长江之无穷”……他们面对滚滚东逝的江水时往往会想到人生的短暂和无常。李白也一样。正所谓“百川东到海，何时复西归”，这从天而降的黄河之水还有回头的一刻吗？

生：没有。

师：他只能像李白说的一样——

生：奔流到海不复回。

师：那么接下来，李白从这一片浩浩荡荡的江水中联想到了什么呢？

生：人生。

师：“君不见高堂明镜悲白发，朝如青丝暮成雪。”作者为什么从江水想到了人生？

生：人生和江水一样，“年年岁岁花相似，岁岁年年人不同”，江水的流逝正像一个人的生命在时间的轨迹上慢慢流逝一样，一去不返。

师：人生是短促的，李白把这种原本就短促的人生写得更加不可把握，“朝如青丝暮成雪”，早上还是“青丝”，傍晚就成“雪”了。如果说前一句将我们拉到了一个大的空间中，那么这一句就让我们在时间的一去不返中体味到人生的短促。实际上，这一句中哪一个字明确地表达了作者的感情？

生：悲。

师：提到悲，很多同学马上就会想到很多诗句，比如，李煜的“问君能有几多愁？恰似一江春水向东流”“剪不断，理还乱，是离愁。别是一般滋味在心头”，李清照的“寻寻觅觅，冷冷清清，凄凄惨惨戚戚”……那么，李白的悲是这样柔婉的悲吗？

生：不是。

师：古人评说得好——哀而不伤，悲而愈壮。就是说不仅是“悲”，还有一种“壮”的感情融于胸中。所以，李白这时候的感情是悲壮的。由对“黄河之水天上来”的由衷赞叹变成了对人生苦短的悲壮情怀。

（2）诗中说，“人生得意须尽欢，莫使金樽空对月”。作者“人生得意”了吗？

师：李白毕竟是一位豪放的诗人，在下文他只用几句诗就把这种悲的感情逆转了过来。“人生得意须尽欢，莫使金樽空对月。天生我材必有用，千金散尽还复来。烹羊宰牛且为乐，会须一饮三百杯。”作者用哪两个字明确地表达了他的感情？

生：“欢”和“乐”。

师：在这里有一种心态让诗人感到欢乐，这种心态是——自信。从哪几句诗中能体现出来？

生：天生我材必有用，千金散尽还复来。

师：读着这几句诗，我们仿佛看到了那个狂傲不羁的李白在明月之下与朋友把酒言欢。人在高兴的时候就应当及时行乐，不要辜负了清风明月、金樽美酒，不要时时刻刻都想着功名、事业、理想，有才干总会有出头之日，该来的总有一天会到来，就像金钱一样，“千金散尽还复来”。这就是本诗的第一次感情变化，由原来的悲壮转成了欢乐。

2. 小组合作，共同探讨如下问题。

（1）徐增在《而庵说唐诗》中评价《将进酒》道：“太白此歌，最为豪放，才气千古无双。”你读了《将进酒》这首诗之后，是否同意这种看法？请说说你的理由。

点拨：本诗借豪写悲，寓悲于豪。学生赏析时，可以偏于豪放，可以偏于悲慨，也可以豪悲并举，只要言之成理即可。

“君不见黄河之水天上来，奔流到海不复回。君不见高堂明镜悲白发，朝如青丝暮成雪。”

诗人用两个长的排比句造成了一种排山倒海的气势，用黄河的伟大与永恒突出了生命的渺小与脆弱，如此豪放而有气势的诗句，给人一种撼人心魄的力量。

“人生得意须尽欢，莫使金樽空对月。天生我材必有用，千金散尽还复来。烹羊宰牛且为乐，会须一饮三百杯。岑夫子，丹丘生，将进酒，杯莫停。”

在诗人看来，只要“人生得意”，便没有遗憾，就应当纵情欢乐。诗人虽然短暂地得意过，但那只是一场幻影，有的只是失望与愤慨。但这并不是意志消沉，而是乐观好强地肯定人生、肯定自我。“必有用”是何等自信！在诗人看来，这正是畅快痛饮的时候，骨子里的豪情溢于言表。

“钟鼓馔玉不足贵，但愿长醉不愿醒。”

这是酒后的狂言，也是酒后的真言；是诗人的豪放，更是诗人的愤慨。

“古来圣贤皆寂寞，惟有饮者留其名。”

这是诗人的豪情之语，也是他的愤慨之语。接着举出陈王来印证“古来圣贤皆寂寞”，借古人的酒杯浇自己心中的块垒。

“主人何为言少钱，径须沽取对君酌。五花马、千金裘，呼儿将出换美酒，与尔同销万古愁。”

诗人的狂放豪气尽显于这典裘当马的豪饮中。

(2) 杜甫不赞成李白饮酒过多，曾写道：“痛饮狂歌空度日，飞扬跋扈为谁雄？”你对李白的“痛饮狂歌”有什么看法？写一段文字表述出来。

点拨：修身、齐家、治国、平天下是李白的一个梦，然而，当现实无情地摆在李白面前时，他的梦碎了。于是，他开始狂歌，他开始纵酒，以喝酒排解内心的苦闷，以纵酒来对抗现实的龌龊，以精神的旷达来张扬自己的个性。从《将进酒》中我们可以体悟到，对李白而言，酒是引子，愁是血液，狂是脊梁。

六、当堂检测

1. 下列对诗句的解说错误的一项是（　C　）。

A. “君不见黄河之水天上来，奔流到海不复回。”诗人以河水一去不复返比喻人生易老，以黄河的伟大永恒衬托生命的渺小脆弱。

B. “君不见高堂明镜悲白发，朝如青丝暮成雪。”诗人将人生由青春至衰老的全过程说成“朝”“暮”间的事，把本来短暂的人生说得更短暂。

C. “人生得意须尽欢，莫使金樽空对月。”此处表现了作者消极的思想：人生得意时，要尽情地寻欢作乐，别让金杯玉露空对天上明月。因为人的生命如黄河之水奔流入海，一去不复返，因此，应及时行乐，莫负光阴。

D. “天生我材必有用，千金散尽还复来。”这是诗人乐观自信的体现、自我价值的宣言，流露出渴望施展抱负的积极思想感情。

2. 下列对全诗分析不正确的一项是（ C ）。

A.《将进酒》是一首劝酒歌，诗人借题发挥，尽吐郁积在胸中的不平之气，也流露出施展抱负的愿望。“钟鼓馔玉不足贵，但愿长醉不愿醒”两句，是诗的主旨，有统摄全诗的作用。

B. 全篇诗情忽张忽翕，大起大落，由悲转乐，转狂放，转激愤，再转狂放，最后结束于“万古愁”，回应篇首，奔放跌宕。

C. 诗中起兴、夸张手法的运用颇具特色。如诗篇开头的两组夸张的长句，就有排山倒海之势，具有惊心动魄的艺术力量。诗中屡用巨额数字“十千”“千金裘”“万古愁”，表现了豪迈诗情，略给人空浮之感。

D. 诗句以七言为主，间以三言、五言、十言“破”之，长短不一，参差错综，使诗快慢多变，一泻千里。

3. 阅读下面这首唐诗，然后回答问题。

登金陵凤凰台

李　白

凤凰台上凤凰游，凤去台空江自流。
吴宫花草埋幽径，晋代衣冠成古丘。
三山半落青天外，一水①中分白鹭洲。
总为浮云能蔽日，长安不见使人愁。

注：①一水，亦作“二水”。

“总为浮云能蔽日”一句中用了什么修辞手法？尾联表达了诗人什么样的思想感情？

点拨：比喻。用“浮云”比喻奸佞小人，用“日”比喻皇帝。

尾联表达了作者怀才不遇、内心愁苦的感情。

七、课堂总结

全诗紧紧围绕一个“酒”字，感情跌宕起伏：悲壮—欢乐—狂放—愤恨—癫狂—愁苦，而这所有的情感又都是基于一个“愁”字。作者因愁而悲叹时光易逝，因愁而纵酒作乐，因愁而慷慨愤激，也因愁而狂放失态。

李白的这首饮酒诗，字里行间贯穿了自己一贯的浪漫主义风格。他以豪放为外壳，以悲慨为内核，为后人创作出了惊世骇俗、万古不朽的诗篇。

八、布置作业

背诵并默写《将进酒》。

教学反思

本课是一节讲读课。在教学中，我注意介绍《将进酒》的相关背景知识，这样做可以为后面的诵读营造良好的氛围。我利用丰富的网络资源激发了学生的学习兴趣，设计的几个问题比较注重探究，让学生可以自由发挥，提高诗歌鉴赏能力。

今后的课堂讲授要注重对学生的引导和启发，真正做到让学生深入地探究。此外，我还应该加强对学生诗歌阅读的指导。

（所获奖项：二等奖）

专家点评

在本课教学中，各个教学环节的衔接过渡非常自然、流畅。首先，教师通过余光中先生的《寻李白》一诗导入新课，既极大地激发了学生的学习兴趣，又为学生营造了良好的课堂学习氛围。接着，教师引导学生围绕课前利用互联网搜索的相关资料在课堂上进行展示与交流，一方面有助于学生对诗歌写作背景的深入了解，另一方面也调动了学生学习的积极性与主动性。然后，教师通过指导学生用不同的方式朗读课文，如学生范读、配乐诵读、学生齐读等，使学生能正确把握诗歌的节奏、韵律及诗人情感的变化。

在问题探讨环节中，学生通过自主研究性学习及小组合作学习等方式，对诗歌的内容及诗人的情感进行了细致、深入的分析。其中最大的亮点在于最后布置的小任务：你对李白的“痛饮狂歌”有什么看法？写一段文字表述出来。这不仅有助于培养学生的思维能力，同时有助于提高学生的写作能力。

总体来说，这篇教案是非常优秀的。

（点评人：北京师范大学石家庄附属学校　米亚会）

进德修业，博学笃行
——《〈论语〉十则》教案及评析

谷丽亚[①]

教学背景

教学课时：1课时

教学准备：

1. 学生：利用互联网搜索孔子及《论语》的相关介绍；掌握“正”“安”“信”“怀”“乐”等实词的含义和“盍”“而”等虚词的用法，理解每则语录的思想内容；积累成语、格言、警句等，并能指导自己的言行，在传统文化的熏陶中提高自己的道德修养。

2. 教师：利用互联网搜索相关资料，制作多媒体课件。

教学目标

1. 了解儒家的思想核心及《论语》的有关知识，明确其在历史上的地位。

2. 掌握本课重点字词的读音、含义及一些虚词的用法。

3. 汲取课文精华和思想内涵，在传统文化的熏陶中提高自己的道德修养。

教材分析

《论语》兼具政治哲学和人生哲学的性质，理性色彩较重，是从先秦丰厚的土壤里生长出来的著作，看似一泓清浅可人的涓涓细流，却有着悠悠不尽的人生哲理，静静地闪着耀眼的粼光，回应着社会现实。

① 谷丽亚，河南省郑州市第五中学。

《〈论语〉十则》中第一、第三、第五则重在阐述学习方法和学习态度，第二、第十则阐述进德修业过程中人生不同阶段的不同境界，第四则以言志为主题，讲述人际关系问题，其他几则主要阐述“仁”“礼”“义”等思想。在学习本课时，学生除了要掌握一些重点的实词和虚词，还要理解文章所蕴含的深刻哲理，把所学的知识、道理运用于实践，在传统文化的熏陶中提高自己的道德修养。

教学重难点

1. 了解儒家的思想核心及《论语》的有关知识，明确其在历史上的地位。

2. 掌握本课重点字词的读音、含义及一些虚词的用法。

教学方法

本课我以“先学后教”的思想理念为指导，采用了“自读品悟—诱导点拨—合作探究”的教学方法，即在教师的引导下，学生运用朗读、讨论和品读的方法，理解意思、掌握字词、探究主旨、品味经典。教师适时点拨，并用多媒体来辅助教学，充分激发学生的兴趣，调动学生的积极性和主观能动性，使之真正成为学习的主人。

教学过程

一、理性导入，吸引学生

师：古人云：“半部《论语》治天下。”的确，我国两千多年来，不论立身处世还是治理天下，皆以儒家思想为中心，而《论语》便是儒家学派的经典著作之一。治理天下如此，治理一国、一省、一校、一家皆如此，治理个人的一身一心也是如此。可见《论语》是不可不读的。（板书课题）

（出示学习目标。）

二、高山仰止，认识先贤

1. 检查学生的预习情况，请学生展示通过互联网查找到的有关孔子的资料。

学生简介孔子及儒家学说。（注意整理资料，使之条理化）

孔子（前551—前479），名丘，字仲尼，鲁国陬邑（今山东曲阜）人，春秋末期的思想家、政治家、教育家，儒家学派的创始人，被尊称为“大成至圣先师”，联合国教科文组织把他列为“世界十大文化名人”之一。

其思想核心是“仁”，即仁爱、爱人。在政治上主张施行“仁政”，提倡德治和教化。晚年时致力于教育，首创私人讲学之风，主张“有教无类”，“因材施教”。整理《诗》《书》等古代文献，并把鲁国史官所记《春秋》加以删修，使之成为我国第一部编年体历史著作。

《论语》是一部语录体散文集，由孔子的弟子及其再传弟子编写而成，主要记录孔子及其弟子的言行，共20篇。内容有孔子谈话、答弟子问及弟子间的相互讨论。每一篇都用第一章的头两三个字做篇名，如《学而》《述而》《公冶长》等。

南宋时，朱熹把它与《大学》《中庸》《孟子》合称“四书”。宋朝宰相赵普曾赞颂说“半部《论语》治天下”。

2. 字词识记。

盍（　　）　诲（　　）　裘（　　）　敝（　　）　少（　　）者怀之

知者乐（　　）水，仁者乐山　知者乐（　　），仁者寿　肱（　　）

三、诵读课文，重温经典

1. 让学生听录音，并提醒学生注意正确断句。

2. 学生以单人读、齐读等多种方式诵读课文。教师请学生单独诵读，其他学生评价。为加强诵读效果，全班学生配乐（播放乐曲《高山流水》）齐读课文。（“读”是学生接触课文的开始，也是学生与文章进行交流最直接的方式，配乐诵读更能使学生沉醉其中。所以，教学时应给予学生充分的诵读时间）

四、研读入境，感受经典

1. 师：看到大家怡然沉醉的表情，我想这些语录一定拨动了大家的心弦。那么，你能否说说《论语》中有哪些有关治学的名言？

学生回答。（可能不够全面，引导学生通过互联网搜索，进行补充并整理）

（出示《论语》中关于治学的名言警句。）

师：看来同学们也做到了“温故而知新”“厚积薄发”，那今天所学的课文中，有哪些是有关学习态度、学习方法的名言？

生：第一、第三、第五则。

师：请同学们尝试自己翻译这三则语录。如果遇到翻译有困难的词句，可以向同桌请教。

教师可做补充，“君子欲讷于言，而敏于事”。颜回就是一个“可谓好学也已”的人，孔子曾称赞颜回：“一箪食，一瓢饮，在陋巷，人不堪其忧，回也不改其乐。贤哉，回也!”

2. 除了治学，本课还涉及进德修业过程中人生不同阶段的不同境界、人际关系等问题，

请以小组为单位，合作讨论，迅速找出这些语录，并能正确翻译。

给学生 5 分钟时间，使之能有充足的时间自学第二、第四则内容。

小组展示合作成果。如有不同意见，其他小组质疑，并做补充。

3. 检验学生对前五则语录的掌握情况，通过幻灯片出示问题，让学生都有回答的机会。

解释下列重点词语。

① 居无求安________

② 就有道而正焉　就：________　而：________　正：________

③ 敏于事而慎于言________

④ 好之者不如乐知者________

⑤ 知之为知之，不知为不知，是知也　知：________　是：________　知：________

⑥ 盍各言其志________

⑦ 愿无伐善，无施劳　伐：________　施：________

⑧ 老者安之，朋友信之，少者怀之　安：________　信：________　怀：________

师：同学们对本课的重点词语掌握得很牢固，但记住经典的途径之一就是背诵，下面我们来进行一场背诵竞赛，比比哪位同学能迅速准确地背诵课文。

(采用竞争机制，充分调动学生的积极性。)

五、拓展延伸，我谈经典

师：“读万卷书，行万里路。”我们学习《论语》，不仅仅是为了掌握几个词语，会背几句名言，还要理解文章所蕴含的深刻哲理，把所学的知识、道理运用于实践，在传统文化的熏陶中提高自己的道德修养。今天所学的前五则语录，主要向我们阐述了学习的态度和方法、思想品德修养等方面的观点。请结合自己的学习、生活，就以上五则中的一则或某则中的一两句话，谈谈自己的感想和看法。(200 字左右)

学生展示写作成果。

（有的谈到自己学习、交友的情况，有的谈到人际关系，进而联系到一些新闻事件，呼唤和谐的社会关系，达到“老者安之，朋友信之，少者怀之”的理想境界；有的谈到自己的志向与理想。）

六、质疑问难

你还有什么疑问吗？你还能提出什么问题吗？

（学贵有疑，提出一个问题比解决一个问题更重要。）

七、布置作业

1. 翻译前五则语录内容。

2. 观看于丹的《〈论语〉心得》视频。（选择其中自己最感兴趣的一部分来欣赏）

教学反思

重新翻阅《论语》，你会发现，每句话都是那样浅显，又是那样深奥，朴素中蕴含着耐人寻味的哲思，温婉中透露出人生的真谛。每句话都与我们的生活息息相关，每句话都与我们的学习密不可分。本节课我引导学生认识到，孔子不是高高在上、遥不可及的圣人，而是生活在我们身边的一位慈爱博学的长者，使学生愿意主动学习并发现文中蕴含的哲理和智慧。

本节课主要学习前五则语录，其中三则是关于学习方法和学习态度的，一则是关于人生不同阶段的不同道德境界要求的，一则是关于人际交往的。课堂上我除了要求学生掌握重点字词，理解意思，能够背诵并默写外，还针对学生的实际情况，把延伸重点放在让学生结合自己的学习、生活，就五则语录谈自己的感想和看法上。在该环节中，学生的发言很精彩，是本节课的亮点之一。

课堂上，我通过互联网查找资料，极大地丰富了学生的知识储备，也最大限度地激发了学生的学习兴趣，形成了良好的课堂氛围。我充分利用网络、多媒体等现代科学技术手段，收集相关多媒体资料，再经过编辑加工，使之成为课上所需的材料。本节课的成功很大一部分得益于这些多媒体资料的运用，在这节课上，多媒体直观教学手段起到了不可替代的辅助作用。此外，课堂中有听、说、读、写的环节，诵读课文、写作展示、课堂讨论、互助学习都充分调动了学生学习的积极性和主动性。

但是，对于“研读”二字，本节课做得不够好，既然是“经典研读”，课堂内容应该丰富些。备课时，我自认为前五则内容较简单，做了一些相应补充，意在丰富课堂知识，扩大课堂容量，但做得还不够。选修课要注意经典研读，引导学生多了解经典，本节课在这方面还有待加强。

（所获奖项：二等奖）

专家点评

课前，教师让学生通过互联网查找与本课教学内容相关的资料，丰富自身的知识储备，有效地激发了学生的学习兴趣，有利于促进课堂教学的顺利进行。本节课的成功很大一部分得益于对多媒体资料的运用，教师所采用的多媒体直观教学手段起到了不可替代的辅助作用。在具体的教学过程中，教师通过让学生单人读、齐读、配乐读等多种方式来调动学生学习的积极性和主动性，通过采用“自读品悟—诱导点拨—合作探究”的教学方法，让学生在教师的引导下，理解意思、掌握字词、探究主旨、品味经典，完成知识与方法的有效内化。

该教案的一大亮点是，教师并不仅是进行识记性知识的教学，还通过引导的方式，让学生将所学习的知识应用到自己的实际生活中，结合自身实际谈谈感想与看法，充分体现了语文学科的人文性和工具性的特点。需要注意的是，小组活动的目的和意义在教案中体现得并不明确。总体来说，教师能够将互联网资源与语文学科教学进行比较优化的整合，体现出了多媒体资源对教学的促进作用，对语文教学有一定的指导意义。

（点评人：北京师范大学石家庄附属学校　米亚会）

忠诚正直，刚毅不屈

——《左忠毅公逸事》教案及评析

陈春芹[①]

教学背景

教学课时：1课时

教学准备：

1. 学生：了解作者，整体感知课文，了解“忠毅”“逸事”的意思，能说出选文中记叙了哪几件事。

2. 教师：利用互联网搜索相关资料，制作多媒体课件。

教学目标

1. 掌握重要的实词和虚词。

2. 通过学习左光斗求贤、爱才、坚贞不屈、一心为国的高风亮节，理解“忠毅”精神。

3. 通过本文选择的典型事件和典型细节分析人物形象，了解写史可法的作用，掌握刻画人物性格的写作方法。

教材分析

《左忠毅公逸事》是清朝初年桐城派古文家方苞的一篇著名文章，记述了明朝末年东林党成员左光斗的生前逸事。所谓逸事，就是世人不大知道的关于某人的事迹（多指不见于正式记载的）。但这些事迹又足以表现其人的性格、品德、情操和业绩，而不是一般的、平庸的、无足轻重的琐事。文章通过简练的语言，塑造了左光斗这一动人的形象，赞美了左光斗知人的卓见和以国事为重、不计较个人生死荣辱的品格，体现了方苞文章“雅洁”的特

① 陈春芹，江苏省海州高级中学。

点。文章记事不杂，用笔精细，故而人物形象十分丰满。写左光斗、史可法狱中相见一段，尤为大气凛然。

教学重难点

1. 学习通过典型事件和典型细节来刻画人物性格的写作方法。

2. 理解“忠毅”精神。

教学方法

本课采用讲授法、自学释疑法、分组讨论法。

教学过程

一、检查自学

1. 作者简介。

方苞（1668—1749），字凤九，一字灵皋，晚年自号望溪，桐城（今安徽省桐城市）人，清代散文家，是桐城派的创始人之一，与姚鼐、刘大櫆合称“桐城三祖”。

（出示关于方苞的资料。）

2. 题目中的“忠毅”是何意？“逸事”指什么？

提示：“忠毅”为左光斗的谥号。“谥号”是君主时代帝王、贵族、大臣等死后，依其生前事迹所给予的称号。“逸事”指散失而不见于正史的事迹。

3. 整体感知课文。

二、小组合作，解析文本

1. 学生对照课文注解口译，圈出不理解的词句。

2. 小组讨论解决，教师精讲点拨。

（1）从数骑出：从，使……跟从。

（2）视学京畿：即“视学于京畿”，省略介词“于”。

（3）叩之寺僧：即“叩之于寺僧”，省略介词“于”。

（4）则史公可法也：（他）就是史可法，省略主语。

（5）即面署第一：面，当面，名词做状语。

（6）史朝夕狱门外：史可法早晚守候在狱门外，省略谓语。

（7）旦夕且死：且，将，将要，副词。

(8) 卒感焉：焉，于之，兼词。狱卒被他感动了，被动句。

(9) 则席地倚墙而坐：席，以……为席，名词做意动词。

(10) 老夫已矣：已，(快) 完了。

3. 小组合作探究以下问题。

(1) 文章主要写了左光斗哪两则逸事？表现了左光斗怎样的品格？两件事之间有什么内在联系？

提示：一写左光斗选拔史可法的经过，表现他爱惜人才、知人善任的远见卓识；一写左光斗在狱中怒逐史可法的情景，突出他置个人生死于度外、唯念国家的高风亮节。荣居高位时，他不辞辛劳，广泛罗致人才，是为了国家的需要；身陷囹圄时，他怒逐学生，竭力保存精英，是虑及国家的前途。这深沉的爱国精神贯穿前后，映照全篇。

(2) 在左光斗选拔史可法的过程中，作者是通过怎样的描述来刻画左光斗什么样的品质的？

“风雪严寒，从数骑出”，写出左光斗四处奔波，寻觅人才的急切心情。

“解貂覆生”，写出左光斗对人才的关心。

“瞿然注视”“面署第一”，写出左光斗对人才的赏识。

“吾诸儿碌碌，他日继吾志者，惟此生耳”，可见左光斗把史可法视作效忠国家的良才、自己事业的继承者，反映了左光斗任人唯贤的磊落胸怀。

从选拔并重用史可法的过程中可以看出左光斗对国家的忠心，体现了题目中的“忠”。

(3) 左光斗被诬陷下狱，史可法前往探监，此处从哪几个方面描绘了左光斗？表现了他什么样的品质？

提示：对史可法前来探监，左光斗严声怒斥，将史可法逐走，具体表现在以下几个方面。

“乃奋臂以指拨眦，目光如炬”——肖像描写

“庸奴！如何地也……吾今即扑杀汝”——语言描写

“因摸地上刑械，作投击势”——动作描写

史可法冒死前往狱中探望，左光斗理应感动和高兴，可是文章以重笔描写了左光斗的严声怒斥，这似乎有些不近情理，但这正表现了左光斗在如此艰难危险的困境中，仍然不忘为国爱才、惜才，表现了左光斗希望史可法不要感情用事，要以国事为重的殷切期望。左光斗由气急而怒骂，态度愈严厉，愈能反映出左光斗对史可法的爱护之深、期望之厚。此处，也照应了题目中的“忠毅”。

（4）文章主要是记叙左光斗的，但后两段为何要写史可法的事情？

侧面烘托左光斗的精神。

（5）对本文两则逸事中反映出来的左光斗的思想感情，我们今天该怎样认识？

提示：左光斗的第一则逸事，写他身居要职时，不是趋奉权贵，高高在上，而是冒着风雪严寒，微服出访，为国求才，这在封建官吏中，实为难能可贵；第二则逸事，写他因弹劾魏忠贤，遭诬陷入狱，依然重于国事，轻于己身，教育史可法以天下为己任，他的识见、品格，值得称道。

当然，左光斗等力图剪除魏阉奸党，其目的仍不外乎要巩固封建统治，不过，这些应放在一定的历史背景下来认识和分析，不应该苛求古人。

三、课堂总结

典型事件，是指"所载之事，必与其人之规模相称"。左光斗一生中的事迹必然很多，然而作者只选择了其中两件不见于正史记载的事（包括几个细节），因为作者认为，只有这两件事才最能体现左光斗"忠"和"毅"的特点。虽然文中没有一句主观的评论，但让读者感受到左光斗身上有一种巨大的感人力量，令人肃然起敬。文章之所以产生这样的效果，与作者善于选取典型事件和典型细节刻画人物是分不开的。

四、巩固练习

1. 解释句中的加点字，并说明其词性的变化。

（1）从数骑出________　　（2）即面署第一________

（3）虽家仆不得近________　　（4）闻左公被炮烙________

（5）卒感焉________　　（6）则席地倚墙而坐________

（7）手长镵________　　（8）史前跪________

2. 补出下列各句中省略的成分。

（1）公阅毕，即解貂覆生，为掩户。

（2）叩之寺僧，则史公可法也。

（3）公瞿然注视，呈卷，即面署第一。

（4）召入，使拜夫人。

（5）史朝夕狱门外。

五、布置作业

阅读短文，回答问题。

杨涟劾魏忠贤，光斗与其谋，又与攀龙共发崔呈秀赃私，忠贤暨其党咸怒。及忠贤逐南星、攀龙、大中，次将及涟、光斗。光斗愤甚，草奏劾忠贤及魏广微三十二斩罪，拟十一月二日上之，先遣妻子南还。忠贤诇（xiòng）知，先二日假会推事与涟俱削籍。群小恨不已，复构文言狱，入光斗名，遣使往逮。父老子弟拥马首号哭，声震原野……涟等初不承，已而恐以不承为酷刑所毙，冀下法司，得少缓死为后图，诸人俱自诬服。光斗坐赃二万。忠贤乃矫旨，仍令显纯五日一追比……而光斗与涟已同日为狱卒所毙。

1. 解释下列字词。

劾（　　）　　发（　　）

次（　　）　　妻子（　　）

削籍（　　）　　狱（　　）

冀（　　）　　坐（　　）

矫（　　）　　追比（　　）

2. 从文中找出一个名词做状语的句子。

____

3. 从文中找出两个被动句。

____

____

4. 从文中找出一个判断句。

____

5. 用现代汉语翻译句子。

父老子弟拥马首号哭，声震原野。

____

6. 用自己的话概括这段文字的主要内容。

____

教学反思

为了使课堂的教学效率有所提高，课前的预习工作很有必要，但须注意，选择的预习题目一定要精当。

课堂中师生的交流，仍然处于一种平面状态，没有建立起立体交流的通道。整堂课的交流形式在多数情况下都是这样的：教师提问，学生回答，紧接着教师质疑学生的回答，学生思考教师的质疑，再次作答。学生的主动质疑显得较少，这样不利于学生思维的深入发展。

（所获奖项：三等奖）

专家点评

在本教案中，教师重视引导学生进行文言文基础知识的学习。教师通过一系列问题，引导学生结合预习情况展开学习，注意了学生主体作用的发挥。教师设计的教学目标比较明确，基本符合课程标准要求和学生的学业水平；教学内容丰富，能够围绕教学目标展开并反映教学目标；教学活动简单易行，贴近主题。通过本节课的学习，学生能够理解文中重要字词的含义，掌握其一般用法，形成文言语感，并学会鉴赏这一优秀作品。在教师的引领下，学生通过品味语言，能够感受到左光斗的人物形象，领悟作品的丰富内涵，体会其艺术表现力，进而获得自己的情感体验和思考，受到左光斗"忠毅"精神的感染和启迪。教师用平实的活动、朴素的语言，引领学生探索作品中蕴含的民族心理、时代精神，帮助学生了解古人丰富的社会生活和情感世界，使学生理解了作品的内容价值，从中汲取到民族智慧，并学会用现代眼光审视作品的思想倾向，评价其积极意义与局限性。

教师在引领学生学习文言文基础知识方面做得比较好，但是在教学媒体的选用和教学活动的设计上，相对比较传统，在实际教学中，课堂略显沉闷，在激发学生的学习兴趣、调动学生的学习积极性、培养学生的批判思维等方面，如果再大胆一点儿，效果可能会更理想。

（点评人：辽宁省沈阳市和平区教师进修学校　焦玉琨）

伟大的杰作
——《最后的常春藤叶》教案及评析

于瑞英[①]

教学背景

教学课时：1课时

教学准备：

1. 学生：初读课文，了解故事发生的环境，能用自己的语言复述故事情节；自学生字词，读准生字的读音，记住易错字的字形；自学课文，思考小说的主人公是谁，哪个故事情节最让人感动；提出自学中遇到的问题。

2. 教师：利用互联网搜索相关资料，制作多媒体课件。

教学目标

1. 概括并复述小说的情节，理出时间线索和情节、人物的关系，多角度分析人物贝尔曼的形象。

2. 能体会欧·亨利式结局的妙处，理解小说曲折的情节和环境描写对人物塑造与主题表达的作用。

3. 分析小说运用外貌描写、语言描写等刻画人物的方法，并运用于日后的写作当中。

4. 培养自主学习的能力和合作探究的能力。

5. 认识建立精神支点对人生的重要性；学习贝尔曼先生“牺牲自我，成全他人”的精神，培养积极昂扬的生命态度；树立“爱”的信念，珍爱自己和他人的生命。

① 于瑞英，山东省青州第三中学。

教材分析

《最后的常春藤叶》是美国短篇小说家欧·亨利的代表作之一，作品表现出的朴素的人类情感是这篇小说最打动人心之处，小小的一片常春藤叶，沐浴着人性的光辉，创造了挽救生命的奇迹。在狰狞的死神面前，信念往往比名药更有效，这信念常常来源于深沉的博爱。因此，本课通过学生的自主、合作和探究式阅读，以开放和多元的设计，促使他们感受人与人之间相濡以沫的真情，全面深入体验人性，深刻理解人性美，从而提高语文素养。

教学重难点

1. 多角度分析人物贝尔曼的形象，学习贝尔曼先生“牺牲自我，成全他人”的精神。

2. 能体会欧·亨利式结局的妙处，理解小说曲折的情节和环境描写对人物塑造与主题表达的作用。

教学方法

本课教学采用合作探究法。

教学过程

一、检查预习

给加点字注音，并根据拼音写出相应的汉字。

转弯抹（　　）角　　锡镴（　　）　　矮墩墩（　　）

昵（　　）称　　衣着（　　）　　蹑（　　）手蹑脚

扶弱济（　　）困　　苔藓（　　）　　瞥（　　）见

窗槛（　　）　　掺和（　　）（　　）　　唠叨（　　）（　　）

暴 zào（　　）　　一 chóu（　　）莫展　　倾 xiè（　　）

巷｛巷子（　　）　巷道（　　）｝　　隽｛隽永（　　）　隽秀（　　）｝

二、新课教学

1. 导入新课。

（播放歌曲《爱的奉献》。）

师：“只要人人献出一点爱，世界将变成美好的人间。”听着韦唯感人肺腑的歌曲，我们的心不禁为之一震。是的，爱是心灵的呼唤，它能让死神望而却步。爱的最高境界，正是“牺牲自我，成全他人”。今天，我们一起学习美国作家欧·亨利的一篇著名短篇小说——《最后的常春藤叶》，去解读一个拥有爱的最高境界的人，让我们在感动中洗礼心灵、升华精神。

2. 作家、作品简介。

（出示关于欧·亨利的资料。）

欧·亨利（1862—1910），美国著名短篇小说家。一生中留下了大量的短篇小说，其中《警察与赞美诗》《麦琪的礼物》等名篇成为世界文学史上的经典之作。他被誉为“美国现代短篇小说之父”，是世界文学史上与俄国的契诃夫、法国的莫泊桑并肩的短篇小说大师。欧·亨利的短篇小说构思巧妙，语言幽默，结局出人意料，内容以描写美国社会尤其是中下层人民的生活著称，因而被誉为“美国生活的幽默百科全书”。

3. 自主学习，整体感知。

问题1：这篇小说讲的故事发生在一个什么样的环境中？

明确：肺炎流行的一个简陋艺术区。

问题2：这篇小说讲的是一个什么故事？请用自己的话简单复述一下。

明确：年轻画家苏艾和琼珊合租一间画室，琼珊不幸感染肺炎，生命垂危。好友苏艾鼓励琼珊树立信心，战胜病魔，琼珊却已经放弃求生的努力，将生命寄托在常春藤叶上。看到经过漫漫长夜的风吹雨打，仍有一片叶子挂在藤枝上，琼珊又燃起了生的希望。琼珊脱离了生命危险，最后的常春藤叶竟然挽救了一个年轻而失去希望的生命。但这片叶子竟是老贝尔曼为拯救琼珊，在一个风雨之夜画上去的，他为此付出了生命的代价。

问题3：厘清时间线索与人物、情节之间的关系，完成下表。

时间线索	人物、情节
十一月	琼珊病倒
一天早晨	
这天夜里	
第二天早晨	
第三天	
第四天	

明确：

时间线索	人物、情节
十一月	琼珊病倒
一天早晨	琼珊病重
这天夜里	贝尔曼画常春藤叶
第二天早晨	琼珊病危，贝尔曼生病
第三天	琼珊病情转好，贝尔曼被送到医院
第四天	琼珊脱离危险，贝尔曼在医院去世

4. 文本研习，合作探究。

问题1：你认为这篇小说最震撼人心的是哪一个情节？为什么？

明确：结局。这一部分写到苏艾揭谜，使整个故事峰回路转、豁然开朗。老贝尔曼的死，换来了最后一片叶子这幅他终生追求的杰作，也正是这幅杰作激发了琼珊求生的信念。

问题2：小说中最重要的人物是谁？作者对这个人物的描写运用了那些手法？分析这个人物的形象特征。

（出示关于怎样确定小说中的主人公的资料。）

明确：

形象一：（正面描写）

（1）外貌描写：性格暴躁、酗酒成性、爱讲大话、牢骚满腹。一个穷困潦倒、消沉失意、好高骛远、郁郁不得志的失意老画家。

（2）语言描写：（当他得知琼珊的病情后）对这种白痴的想法“讽刺地咆哮了一阵子”“可恶的藤叶”“可怜的琼珊小姐”——善良、有同情心、关心他人。

形象二：（侧面描写）

医生：她身体虚弱，病势来得很猛，只有一成希望。

苏艾：最后一片叶子是贝尔曼冒着风雨画上去的，因此得了肺炎，病了两天就去世了。

人格升华：崇高的爱心，自我牺牲精神得到展现。

形象逆转：人格升华后，我们重新审视贝尔曼的典型形象——平凡的甚至有点儿讨厌的外表下有一颗火热的、金子般的爱心。虽然穷困潦倒，仍无私关怀、帮助他人，甚至不惜生命代价；虽然不得志，但仍不放弃追求，抱负远大。

师：通过对这篇小说的情节讨论、人物形象分析，我们对贝尔曼也怀有深深的敬意，苏艾的细心关怀也使我们感到一阵阵暖意。如何做一个大写的“人”？贝尔曼用生命回答了这个问题。

（播放视频《2007年度感动中国人物颁奖盛典》。）

这种大写的“人”古今中外还有很多。还记得2007年感动中国的人物孟祥斌吗？他也同贝尔曼一样用自己的生命挽救了另一个年轻的生命，他是一个真正的仁者、勇者，是一个让人敬仰的大写的“人”。我们应该向他们学习，懂得“爱”，学会“爱”，爱自己、爱他人，珍惜生命，以积极昂扬的生命态度去生活。

（出示关于欧·亨利式结尾的资料。）

师：所谓“欧·亨利式结尾”，通常指短篇小说大师们常常在文章情节结尾时突然让人物的心理情境发生出人意料的变化，或使主人公的命运陡然逆转，出现意想不到的结果，但又在情理之中，从而产生独特的艺术魅力。这种结尾艺术，在欧·亨利的作品中有充分的体现。

问题3：文章结尾处揭示了叶子是假的，在前文有哪几处伏笔？

明确：（1）“总有一天，我要画一幅杰作。”（2）经过了漫漫长夜的风吹雨打，仍旧有一片常春藤的叶子贴在墙上。它是藤上最后的一片叶子。靠近叶柄的颜色还是深绿的，但是锯齿形的边缘已染上了枯败的黄色，它傲然挂在离地面二十来英尺的一根藤枝上面。（3）黄昏时，她们看到墙上那片孤零零的藤叶依旧依附在茎上。（4）那片常春藤叶仍在墙上。（5）“你不是觉得纳闷，它为什么在风中不飘不动吗？”

三、课堂检测

1. 下列词语中加点字的读音全部正确的一组是（　A　）。

A. 苔藓（xiǎn）　扶弱济（jì）困　掺（chān）酒　出殡（bìn）

B. 瞥（piē）见　蹑（shè）手蹑脚　昵（nì）称　狭窄（zhǎi）

C. 窗槛（kǎn）　着（zháo）想　一幢（zhuàng）　砖砌（qì）

D. 模（mó）特　编辑（jí）　唠（láo）叨　瞅（jiū）一眼

2. 从琼珊的遭遇中，你获得了什么启示？

明确：每个人都会遇到困难和挫折，关键是看自己有没有信心，能不能去面对，有没有勇气去战胜它。琼珊也曾陷入失望之中，但她在贝尔曼用生命换来的最后一片常春藤叶的鼓舞下，重新振作了起来，直到康复。坚强的信念是生命赖以延续的精神支柱。

四、布置作业

课文中省略了老贝尔曼在风雨之夜画常春藤叶的情景，给读者留下了想象的空间。请你发挥想象，补写作者隐去的那段老贝尔曼画常春藤叶的情节。(500字左右)

示例：贝尔曼迈着沉重的步伐从家中搬出梯子，带上自己常用的画笔和调色板。狂风怒吼着，似乎要阻止他，可他丝毫没有受影响。他站在常春藤下，看了看即将落下的叶子，身体不由自主地颤抖了一下，他拖着双腿爬上了梯子。只见他双眉紧锁，年过六十的他在这般恶劣的环境下就这样一步一步地爬到梯子的最顶端。雨点儿打在他的脸上，他只得微微抖动着脸颊来拭去挡住视线的雨珠，此时的他已全身湿透，但他全然不顾，因为他的心中只有一个念头："我要尽快画好这片叶子，我一定要尽快画好！"他艰难地握住画笔，一笔一笔地蘸着颜料在墙上涂抹着、勾勒着……终于，这片寄托着这位老者希望的叶子刻在了墙上，他的任务完成了，他的心愿了结了……

教学反思

《最后的常春藤叶》是欧·亨利的一篇小说。本课我采用文本探究的方式，用一连串的问题来和学生一起理清情节、分析人物、理解主题。教学思路是很清晰的，便于学生理解文章。问题的预设与探究能够加深学生对文本的理解，从这个角度来看是成功的。

尽管课前做了充分的准备，但由于缺乏实践，在实际教学过程中还存在不少问题。在教材中，《最后的常春藤叶》所在的板块是"珍爱生命"，琼珊在这里可以作为不热爱生命的反面典型。另外，关于从贝尔曼画常春藤叶体现他那种"牺牲自我，成全他人"的精神，作者在文章的前面多处做了铺垫。这些内容是我在课堂教学中可以引导学生进一步分析和认识的。

通过这样一节公开课，我受益匪浅，认识到了自己的不足，积累了经验，明白了距离一名合格的优秀语文教师还有很长的一段路要走。在以后的班级小组合作中，我需要加强对学生的引导，采用一些更为省时高效的方法，使学生之间的配合更顺畅。

(所获奖项：三等奖)

专家点评

高中生思维渐趋成熟，他们已经具备一定的语文知识基础和自主学习能力。高中语文课程标准中指出，要引导学生学会鉴赏文学作品，感受形象，品味语言，领悟作品的丰富内涵，体会其艺术表现力，有自己的情感体验和思考，受到感染和启迪；努力探索作品中蕴含的民族心理、时代精神，以此了解人类丰富的社会生活和情感世界。

该案例中，教师设计的教学目标明确、具体，符合课程标准要求和学生的学业水平。课前，教师安排学生预习，增强了学生的自主学习意识；同时，教师利用互联网搜索与本课教学相关的资源，作为教学设计的参考，确定的教学重难点及采用的教学方法比较恰当。教师根据课堂教学需要，将收集到的多媒体资料应用于课堂教学，活跃了课堂气氛，调动了学生的学习积极性。整个教学过程中，教师既重视了学生语文基础知识的积累，又重视了学生综合应用能力的提升。请学生以表格形式理清作品的时间线索与人物、情节之间的关系，比较有特色。通过本课的学习，学生能够掌握欧·亨利的作品的语言风格和表现特点，感受到作品中不同的人物形象，形成自己的情感体验，并受到深刻的启迪。课后作业“补写作者隐去的那段老贝尔曼画常春藤叶的情节”，有助于学生书面表达能力和综合应用能力的进一步提升。

该教案中，教师重视发挥学生的主体作用，但如果能进一步放手，在课前充分指导的基础上，给学生更多的自主学习空间，对于调动学生的学习积极性效果可能会更好。

（点评人：辽宁省沈阳市和平区教师进修学校　焦玉琨）

千古一人，旷世奇才
——“走近苏轼—走进苏轼”教案及评析

张　莫[①]

教学背景

教学课时：1课时

教学准备：

1. 学生：

第一组：到阅览室查阅图书。

第二组：搜索《百家讲坛：苏轼》系列节目（康震主讲）的视频。

第三组：利用网络收集、整理文本资料。

2. 教师：利用互联网搜索相关资料，制作多媒体课件。

教学目标

1. 能正确、流利、有感情地背诵苏轼的诗词。

2. 通过阅读，深入地了解苏轼豁达、乐观的人生态度与豪迈的气概。

3. 培养集体合作意识，收集、整理信息的能力，思维能力和语言表达能力。

教材分析

“走近苏轼—走进苏轼”是一个阅读专题，主要是对学生进行必要的阅读指导和引导，所以，培养学生了解苏轼的兴趣就显得非常重要。有关苏轼的材料有很多，如高中语文教材中的《念奴娇·赤壁怀古》《赤壁赋》等，在引导过程中，对这些诗词的复习是必不可少的。另外，中央电视台的《百家讲坛》栏目也有关于苏轼的介绍，这正是引导学生阅读的一个好机会。

---

① 张莫，山东省青岛中学。

教学重难点

1. 能正确、流利、有感情地背诵苏轼的诗词。

2. 通过阅读，深入地了解苏轼豁达、乐观的人生态度与豪迈的气概。

教学方法

方法：收集—分析—讨论—归纳整理。

形式：分小组推选代表，或者讲故事，或者朗诵诗歌、短文，以调动全班学生进一步了解苏轼的积极性。

教学过程

一、导入新课

师：对于苏轼，我想各位同学都非常熟悉。他留给了我们很多脍炙人口、千古流传的优秀诗篇：我们登高远望长江的时候，禁不住会吟出“大江东去，浪淘尽，千古风流人物”（《念奴娇·赤壁怀古》）；我们欣赏庐山的风景的时候，禁不住会说“不识庐山真面目，只缘身在此山中”（《题西林壁》）；我们在生活中遇到了不如意的事情时，禁不住会用“回首向来萧瑟处，归去，也无风雨也无晴”（《定风波》）来宽慰自己；我们在中秋的月夜思念亲人的时候，也禁不住要吟唱“但愿人长久，千里共婵娟”（《水调歌头·明月几时有》）。

二、分组探究

师：我把今天这节课主要交给各个学习小组，课前我已经给我们班的三个小组分配了阅读任务。这节课我们就来检查各小组的任务完成情况。

1. 少年成名（第二组展示）。

（出示《百家讲坛：苏轼少年成名》的文字稿。）

2. 几段感情（第三组展示）。

苏轼的结发之妻叫王弗，眉州青神（今四川青神）人，年轻貌美，知书达礼，16 岁时嫁给苏轼。她堪称苏轼的得力助手，有“幕后听言”的故事。苏轼为人旷达，待人接物相对疏忽，于是王弗便在屏风后静听，并将自己的建议告知苏轼。王弗与苏轼一起生活了 11 年后病逝。苏轼依父亲苏洵言“于汝母坟茔旁葬之”，并在埋葬王弗的山头亲手种植了 3 万株松树以寄哀思。又过了10年，苏轼为王弗写下了被誉为悼亡词千古第一的《江城子·乙卯正月二十日夜记梦》：“十年生死两茫茫，不思量，自难忘。千里孤坟，无处话凄凉。纵使相逢应不识，尘满面，鬓如霜。夜来幽梦忽还乡，小轩窗，正梳妆。相顾无言，惟有泪千行。料得年年肠断处，明月夜，短松冈。”

苏轼的第二任妻子叫王闰之，是王弗的堂妹，在王弗逝世3年后嫁给了苏轼。她比苏轼小11岁，自小对苏轼崇拜有加，生性温柔，处处依着苏轼。王闰之伴随苏轼走过了他人生中最重要的25年，在苏轼的宦海沉浮中，与之同甘共苦。25年之后，王闰之也先于苏轼逝世。苏轼痛断肝肠，写祭文道：“我曰归哉，行返丘园。曾不少须，弃我而先。孰迎我门，孰馈我田？已矣奈何，泪尽目干。旅殡国门，我实少恩。惟有同穴，尚蹈此言。呜呼哀哉！”在妻子死后百日，他请朋友、大画家李龙眠画了10张罗汉像，在请和尚给她诵经超度时，将此10张足以传世的佛像献给了妻子的亡魂。苏轼死后，苏辙将其与王闰之合葬，实现了祭文中“惟有同穴”的愿望。

苏轼的侍妾王朝云，比苏轼小26岁。在苏轼最困顿的时候，王朝云一直陪伴其左右。王朝云是苏轼的红颜知己，苏轼写给王朝云的诗歌最多，称其为“天女维摩”。但不幸的是，王朝云也先于苏轼病逝。王朝云逝后，苏轼一直鳏居，再未婚娶。遵照王朝云的遗愿，苏轼将其葬于惠州西湖孤山南麓栖禅寺大圣塔下的松林之中，并在墓边筑六如亭以纪念，撰写的楹联是“不合时宜，惟有朝云能识我；独弹古调，每逢暮雨倍思卿”。此楹联有一个典故：“东坡一日退朝，食罢，扪腹徐行，顾谓侍儿曰：‘汝辈且道，是中有何物？’一婢遽曰：‘都是文章。’坡不以为然。又一人曰：‘满腹都是识见。’坡亦未以为当。至朝云，乃曰：‘学士一肚皮不入时宜。’坡捧腹大笑。”王朝云墓现位于广东省惠州市惠州西湖景区孤山之上苏东坡纪念馆旁，是惠州市重点文物保护单位。

（出示关于苏轼三位妻子的资料。）

湖北省作协主席方方曾说：“如果能生活在苏轼那个时代，我一定会毫不犹豫地嫁给他。”

（出示文章《方方：想嫁给苏轼》。）

（中间穿插歌曲演唱、诗歌背诵的活动。）

（播放歌曲《明月几时有》。）

3. 奇闻逸事（第一组展示）。

（1）吟诗赴宴。

苏轼年少时到京师参加科考。有六个自负的举人看不起他，打算设宴戏弄他。苏轼应邀入席，尚未动筷子时，一人提议先行酒令，酒令内容必须要引用历史人物和事件，这样就能独吃一盘菜。其余五人齐声叫好。其中一位年纪较长的人说："姜子牙渭水钓鱼！"说完捧走了一盘鱼。"秦叔宝长安卖马！"第二位神气地端走了马肉。"苏子卿贝湖牧羊！"第三位毫不示弱地拿走了羊肉。"张翼德涿县卖肉！"第四位急忙伸手把肉端了过去。"关云长荆州刮骨！"第五位迫不及待地抢走了肉骨头。"诸葛亮隆中种菜！"第六位傲慢地端走了最后一盘青菜。菜全部分完了，六个举人正准备边吃边嘲笑苏轼时，苏轼却不慌不忙地吟道："秦始皇并吞六国！"说完把六盘菜全部端到自己面前，六个举人呆若木鸡。

（2）打饼祭菩萨。

苏东坡和黄庭坚住在金山寺中。有一天，他们想打面饼吃。二人商量好，这次打饼，不告诉寺中的佛印和尚。过了一会儿，饼熟了，两人数过饼数，先把饼献到观音菩萨座前，殷勤下拜，祷告一番。不料佛印预先已藏在神帐中，趁二人下跪祷告时，伸手偷了两块饼。苏轼拜完之后，起身一看，少了两块饼，便又跪下祷告说："观音菩萨如此神通，吃了两块饼，为何不出来见面？"佛印在帐中答道："我如果有面，就与你们合伙做几块吃吃，岂敢空来打扰？"

（3）东坡吃草。

一天，苏轼闲来无事，去金山寺找好友佛印和尚下棋，刚走进寺庙，苏轼就高声喊道："秃驴何在？"只听见佛印和尚应声答道："东坡吃草！"

（4）不忍心拆散。

相传，苏轼请邻居吃饭。桌上有一盘油炸麻雀，一共四只，客人毫不客气地吃了三只，还剩一只。这时，邻居对苏轼说："还剩一只，你把它吃了吧！"苏轼却说："我不忍心拆散它们，还是你吃了吧！"

（出示关于苏轼逸闻的资料。）

4. 苏轼的"粉丝"（第三组展示）。

当今社会称那些迷恋、崇拜明星偶像的人为追星族。实际上，古时候也有追星族，而且追星的疯狂行为一点儿也不亚于今人。苏轼是人所共知的文学巨匠，代表着宋代文学的最高成就。与杜甫、曹雪芹等具有悲情色彩的文人不同，苏轼在生前就享有盛名，其作品不仅在宋朝国内有着巨大影响，在辽国等地也极受欢迎。这样一个"国际大明星"，自然是追星族眼中的热点人物。通过苏轼的"粉丝"的一些行为，我们可以对苏轼在当时所受欢迎的程度有更为直观的认识。

据《瓮牖闲评》记载，苏轼任杭州通判时，刘敞、刘颁兄弟来访，三人一同乘船游西湖。游览途中，有个30岁左右的女子突然驾船追了上来。这个女子长得非常漂亮，气度娴雅，姿态优美。苏轼等人愕然，不知她的来意。女子自述年轻时就仰慕苏轼，一直无缘得见，本以为今生再没有机会见到偶像，遂嫁为人妻。这天，她无意中听说苏轼在游西湖，于是驾船前来，想要见偶像一面，为之弹奏一曲，以了心愿。弹奏了一曲之后，该女子翩然而去。这一幕把刘氏兄弟都看呆了。

南宋时，姚舜明在杭州为官，有个老妇人向他说起苏轼当年在杭州任上的盛况。每年春天，到了休假的日子，苏轼就邀约客人游西湖，从早上一直游玩到半夜方休，回来时要点着蜡烛照路。每当这个时候，整个杭州就成了不夜城，城中的男男女女都云集在街道上，夹道观看从西湖归来的苏轼一行人，成为一时之盛事。

苏轼在常州任上，有个人擅长烹制河豚，有一次做好了河豚请苏轼到家中品尝。古时候，内眷是不能出来见客的，可是苏轼太有名了，他家中的女眷都想借此机会看看苏轼，于是众女眷都躲在客厅的屏风后面偷看。只见苏轼自顾自地埋头大嚼，一句话也不说，偷看的众人都大失所望。突然，苏轼放下筷子说了句：“这样的美味，也值得为之一死了。”听到这样的评价，全家人高兴得不得了。

《燕石斋补》中记载，苏轼59岁时被贬至惠州，邻居有个姓温的少女，年方16岁，长得非常漂亮。这个温姑娘的眼光很高，一直不肯嫁人，当她听说苏轼被贬谪到了惠州时，高兴地说：“这人就是我的丈夫。”每天晚上，温姑娘都翻墙来到苏轼窗前，听苏轼吟诗诵读。苏轼发觉窗外有人，推窗一看，温姑娘马上就翻墙跑了。苏轼跟踪其寻到温家，温父把这个情况告诉了苏轼。苏轼说：“我一定为她物色个好丈夫。”可没过多久，苏轼就被贬到海南儋州去了，此事也就没有了下文。等到苏轼遇赦放还，再度经过惠州，温姑娘已经抑郁而终。

苏轼在被贬谪海南儋州期间，消息闭塞，与中原久未通音讯。据《冷斋夜话》记载，当时天下纷传苏轼已经死了。徽宗初年，苏轼遇赦放还，他活着归来的消息立即引起了轰动。大病初愈的苏轼乘船沿着运河自靖江北归常州，由于天气炎热，他披散着头发坐在船头，将宽大的袖子捋到了肩膀上。一路上，无数民众沿着运河两岸争相观看这个传奇般的明星人物。

5. 巨星陨落（第二组展示）。

（出示《百家讲坛：苏轼之死》的文字稿。）

三、课堂总结

师：同学们，通过这堂课，我们走近了苏轼，初步了解了苏轼。他是中国文化史上的一位旷世奇才，是罕见的多面手，他以神奇的文笔、渊博的学识、睿智的思想、高尚的人格、丰富的人生经历、多方面的巨大成就，在中华文化的历史长河中树立了一座丰碑。

教学反思

本课是一节阅读指导课，最大的特色是采用了小组合作探究的学习方式，学生课前准备的资料比较多，课堂上学生的整体表现很好。

本课也存在一些问题：

1. 每个小组的发言人主要是固定几个人，这样不利于调动所有学生的积极性。可以考虑让学生轮流发言，使每个人都得到锻炼。

2. 对苏轼的研究，各小组只侧重于他们比较感兴趣的方面，而忽视了知识研究的系统性、全面性。在以后的小组合作学习中，我会想办法进一步调动每个学生的积极性，并引导学生进一步系统、深入地研究问题。

（所获奖项：三等奖）

专家点评

该教案体现了以学生为主体的教学思想。从教学准备中就可以看出，教师将学生分为三个小组，让学生从不同的角度了解苏轼、走近苏轼，使历史中的苏轼的形象尽可能全面地展现在学生面前。在导入新课环节，教师将苏轼的诗词与现实生活联系在一起，因此更有趣味性，更容易使学生理解，也更容易让学生完成识记任务，这种教学方法大大提高了学生的学习效率。在分组探究环节，教师让每个学习小组推选代表展示本组的研究情况，给学生提供了自我展示的平台，锻炼了学生的语言表达能力，同时使学生对苏轼的了解更深刻。该教案的亮点在于教师对苏轼的人生经历做了分明的概括，并给予学生充分的探究空间，以少年成名、几段感情、奇闻逸事、苏轼的“粉丝”、巨星陨落五个部分完整串联了苏轼的一生，不落窠臼，有利于学生完整地认识苏轼其人其事。

建议教师注意以下几点：第一，在教学准备方面教师的考虑略显不周，分配给三个小组的不同任务仅仅表现在获取信息的不同来源，而不是关于苏轼其人其事的不同角度，这样难免会出现学生所查得的信息重复的情况。教师在此环节可以多加引导，避免重复。第二，语文教学不仅要引领学生学习语文基础知识、提高语言应用能力，也要培养学生认真治学的态度。本课教学内容比较丰富，但是用较大篇幅介绍苏轼的私生活和奇闻逸事，是否合适？建议教师在实际教学中仔细斟酌。

（点评人：吉林省吉林市龙潭区江机中学　姜帆）

独立平等，风雨同舟
——《致橡树》教案及评析

曾志嫦[①]

教学背景

教学课时：1课时

教学准备：

1. 学生：预习课文。
2. 教师：利用互联网搜索相关资料，制作多媒体课件。

教学目标

1. 品味诗的意境，把握诗的内容和艺术手法，背诵诗歌。
2. 培养独立的人格和健康高尚的审美情操。

教材分析

爱情作为人类最神圣高尚的情感之一，被古今中外的文学作品渲染得格外绚烂。有人说，爱情、婚姻、家庭是人生的三部曲，这三部曲怎么唱，关系到一个人一生的幸福。谁不想收获幸福呢？学习《致橡树》，诗人会给学生一些有益的启迪，有利于学生树立正确的人生观、价值观和爱情观。

教学重难点

1. 体会诗歌物中含情、意味隽永的特色。
2. 感悟诗人渴求并提倡的独立平等、互相依存、亲密无间的爱情观。

① 曾志嫦，广东省兴宁市职业技术学校。

教学方法

本课采用诵读感悟法，引导学生通过反复诵读感悟诗歌的情感意蕴。

教学过程

一、导入新课

师：爱情是一个永恒的话题。“在天愿作比翼鸟，在地愿为连理枝”的比翼双飞，“两情若是久长时，又岂在朝朝暮暮”的心心相印，“春蚕到死丝方尽，蜡炬成灰泪始干”的忠贞不渝，古往今来，多少文人墨客歌颂爱情的圣洁、美好，表达自己的爱情观。那么当代诗人舒婷又是怎样看待爱情的呢？一位不平凡的女性怎么会对橡树发表自己的爱情宣言呢？让我们倾听诗人的心声，倾听新时代的爱情宣言——《致橡树》。

（出示《致橡树》的背景资料。）

二、朗读诗歌

1. 学生介绍朗诵诗歌的方法。

学习诗歌要反复诵读，要从思想内涵和表现手法等方面去感受、品味、鉴赏诗歌的美，要走进诗人的心灵，触摸诗人的情感脉搏，与诗人对话。诗人舒婷在《致橡树》中提出了自己所向往的真正的爱情，铿锵有力地发出了中国女性独立的宣言。具有现代意识的思想和优美形象的语言相结合，使这首诗具有极大的震撼力和感染力。

2. 播放《致橡树》的朗诵视频。

要求学生去感受、品味、鉴赏诗歌的美。

3. 分析诗歌。

师：本诗完整的标题应该是什么？（木棉致橡树）

师：木棉又向橡树说了什么呢？（配乐朗诵全诗）

师：木棉不愿像什么？

木棉不愿像凌霄花、鸟儿、泉源、险峰、日光、春雨。

师：难道这些有什么不好吗？木棉为什么要否定它们呢？从哪些词语可以看出来？

攀援、炫耀、痴情、单调、送来、慰藉、增加、衬托。

师：从这些词语中，我们能看出诗人反对什么样的爱情观呢？有哪些词语可以表达？

依附、附庸、奴性、无骨气、趋炎附势……即攀附型、痴恋型、奉献型。

师：因为这些是感情的单向奉献，而并非平等的心与心的交流，其思想根源是什么？

封建的男尊女卑、三从四德思想。

师：全诗行文至此，我们可以发现：诗人采取“破”的思维方式，目的是引出诗的下半部分，即“立”。

师：并肩站立的树，根相握，叶相触。（展示投影：并肩的树）

师：还有哪些诗句表现了这样的主题？

“枝枝相覆盖，叶叶相交通。”“在天愿作比翼鸟，在地愿为连理枝。”

师：两棵并肩的树，其形象有什么不同？

铜枝铁干的树：枝干像刀，像剑，也像戟。

师：树是如此，花又怎样呢？

花像叹息，又像火炬。（展示投影：红硕的花）

（播放音乐《二泉映月》。）

师：花怎能“叹息”？为什么用“沉重”一词？用了什么修辞手法？两个“像”作用并重吗？

这是用了通感的修辞手法。重在后一个“像”。（出示杜甫《春夜喜雨》中的名句“晓看红湿处，花重锦官城”）

师：不仅如此，在诗人（木棉）的心中，橡树和木棉应当分担寒潮、风雷、霹雳，共享雾霭、流岚、虹霓。

师：它们分别表现了什么样的特点？

阳刚气概和阴柔气质。

师：由此，我们可以这样归纳：诗人崇尚的是心心相印、患难与共、共同进步、事业至上的爱情。诗最后的“这”，指的就应该是这些。全诗至此，完成了由“破”到“立”的过程。

三、品味艺术

师：《致橡树》给了我们深刻的人生感悟。真正震撼人心的作品往往是内容与形式的完美结合。下面我们一起来谈谈这首诗的艺术特色。

（点拨：可以从表现手法、修辞手法、语言特点等方面进行归纳，并使学生了解朦胧诗的特点。）

学生结合诗句讨论，教师归纳。

四、拓展延伸

师：其实我们以前接触过朦胧诗，如戴望舒的《雨巷》。大家喜欢的可能还是朦胧爱情诗，相信你们在平时的生活和学习中积累了很多的爱情名言，今天不妨把你喜欢的读出来，和我们一起分享。

1. 学生谈自己喜欢的爱情名言。（引导学生树立正确的爱情观，并深化学生对诗歌主题的认识）

2. 为学生提供两句爱情名言，并要求学生大声朗读，然后与舒婷的爱情观做比较。（营造氛围，深化主题）

3. 学生跟着配乐朗读诗歌。（在诗情画意中加深对爱情的理解，在意犹未尽中感受美的真谛）

（播放电影《美国鼠谭》插曲。）

师：伟大的爱情是不能用华丽的语言来形容的，就让我们回到这首诗，随着音乐，再次高声歌颂伟大的爱情。（深化学生对诗歌主题的理解，将课堂气氛推向高潮）

教学反思

作为人类灵魂的工程师，我们肩负着塑造人的神圣使命，我们要提高学生的道德修养、审美情趣和文化品位，引导学生树立高尚的爱情观，明辨爱情与生命的价值，以拥有健康幸福的人生和健全的人格。引导青少年树立正确的爱情观，加强对爱情的责任感，是对学生的明天负责、对家庭负责、对社会负责，更是对一代又一代的人负责。

把优美的爱情诗歌选进教材也是与时俱进的必然选择。爱情作为文化传承中的精华，当代中学生理应汲取，而不是回避。高中生心理、生理虽未完全成熟，但对越来越低龄化的“早恋”现象的耳闻目睹，使得他们早就接触到这类有关个人情感的敏感话题。为避免社会不良文化、庸俗文化对他们的误导和诱惑，语文学科勇敢地站出来肩负倡导健康、高尚的情感的使命，通过文学艺术对学生进行美的熏陶，让学生感受到人类心灵世界的豁达与开阔，人类情感世界的美好与高尚。这样，学生才能初步正视爱情，校正自己的爱情观，从而避免盲目冲动，端正了学习态度，明确了学习目的，坚定了人生理想。当然，爱情是神秘的、复杂的，而教育是严肃的，教学是庄重的，爱情观教育还有待进一步摸索。

（所获奖项：三等奖）

专家点评

高中语文课程标准对阅读与鉴赏的要求是“具有积极的鉴赏态度，注重审美体验，陶冶性情，涵养心灵，养成高尚的审美理想和高雅的艺术趣味”，提出“在阅读和鉴赏活动中，不断地充实精神生活，完善自我人格，提升人生境界，加深对个人与社会、自然、国家关系的思考和认识”。教材的编写者正是按照这一课程标准，将对诗歌的阅读与鉴赏学习安排在了高一进行，并将其列入必修课的内容范围。在该教案中，教师紧紧抓住“审美”这个中心进行教学，用整体概述的方法将朦胧诗的特点表现出来，从而达到陶冶学生身心、培养学生高雅的艺术审美情趣的目的。在教学过程中，教师以一个简单的心理测试导入课程，很容易吸引学生的注意力，使原本枯燥的课程增添了几分乐趣，达到了提高教学质量的目的。在对《致橡树》这首诗歌的鉴赏过程中，教师通过多媒体展示了一系列具体的意象，并播放优美的音乐，能够更好地将学生带入诗歌中，使学生犹如身临其境，更深层次地感悟诗歌内涵。将诗歌理解为一种艺术形式，使得这首诗歌的情感同艺术完美结合，更为深刻地体现了作者想表达的朦胧的爱情。

需要注意的是，舒婷的《致橡树》作为朦胧诗的代表作有一点也曾为人诟病：最后一句情感的抒发太过直白。教师不妨由此出发，引导学生辩证地认识诗歌，让学生理解文学、热爱文学，但不盲从于文学，使学生具备独立思考的品质，这无疑是语文教学乃至整个学校教学的重中之重。

（点评人：吉林省吉林市龙潭区江机中学　姜帆）

气韵生动，哀而不伤
——《雨巷》教案及评析

王朝辉[①]

教学背景

教学课时：1课时

教学准备：

1. 学生：初读课文，感知诗歌内容；自学生字词，理解词语的意思。

2. 教师：准备多媒体设备，利用互联网搜索相关资料，制作多媒体课件。

教学目标

1. 分析和理解诗歌中的意象及其象征意味，了解诗歌借意象抒情的方法。

2. 品味诗歌的语言美、音韵美，初步了解诗歌是怎样运用语言加强抒情效果的，能有感情地诵读诗歌。

3. 感受诗歌忧伤哀婉但充满追求的情感美，提高审美情趣。

教材分析

《雨巷》是一首朦胧诗，表现了五四运动中激昂飞腾的理想同大革命失败的现实脱节的悲剧感。诗人采用象征的手法将大革命失败时的那份忧郁浪漫化，诗中描写的一切，如悠长寂寥的雨巷、默默彳亍着的丁香姑娘，都可以在现实中找到其象征意义。本课的学习重点是通过阅读和鉴赏，感悟诗情诗意，认识现代诗歌的特点。

---

① 王朝辉，江西省赣州市南康中学。

教学重难点

1. 分析和理解诗歌中的意象，理解“雨巷”“丁香姑娘”的象征意义。
2. 品味诗歌的语言，把握诗歌蕴含的情感。

教学方法

本课采用启发式教学法、情境教学法、诵读法、讨论法等，在学生已有的认知基础上进行提问和引导，关注学生的认知过程，重视创设情境，重视讨论、交流和合作，重视培养学生探究问题的习惯，充分体现以学生为中心的教学理念。

教学过程

一、导入新课

师：同学们，我们先来听一首歌。请同学们闭上眼睛，感受一下歌曲的旋律和意境。

（播放歌曲《雨巷》。）

师：这首歌给我们描绘了怎样的画面？表达了什么样的感情？

师：这首歌曲《雨巷》是根据我国现代著名诗人戴望舒的同名诗歌改编的。今天我们就来学习这首优美的诗歌，体会一下诗人通过这首诗歌到底要表达什么样的感情，看看与同学们的理解是否一样。现在就让我们一起走进《雨巷》，走进戴望舒的内心世界。

（学生齐读诗歌。）

二、走近作者

（出示关于戴望舒的资料。）

戴望舒，中国现代派象征主义诗人。原名戴朝安，曾用笔名戴梦鸥、戴望舒、艾昂甫、江思等，浙江杭县（今杭州市余杭区）人。笔名“戴望舒”出自屈原的《离骚》：“前望舒使先驱兮，后飞廉使奔属。”意思是说屈原上天入地漫游求索，坐着龙马拉来的车子，前面由月神望舒开路，后面由风神飞廉做跟班。望舒就是神话传说中替月亮驾车的天神，美丽温柔，纯洁幽雅。他因其诗作《雨巷》而被称为“雨巷诗人”。

三、听读诗歌

（播放《雨巷》朗诵音频。）

1. 师：听完了诗朗诵，你们感觉到了什么？这首诗歌美吗？

2. 总体梳理诗歌内容。

师：这首诗为我们描绘了一种富有美感却又充满着浓重忧伤的抒情意境。现在让我们走进这首诗歌，一起感受诗歌的意境。

师：诗歌开篇为我们描绘了江南梅雨季节小巷深处的阴沉图景：悠长寂寥的巷子，绵绵不尽的细雨，灰蒙蒙的雨帘中撑着油纸伞独自彷徨的抒情主人公。在这样的环境里，诗人心中怀着一点儿朦胧的希望，想遇上一位丁香一样的姑娘。这究竟是怎样的一位姑娘呢？我们继续往下看，她既有丁香一样的色彩和芬芳，又忧愁抑郁。她与诗人一样“冷漠，凄清，又惆怅”。哀伤的心情和寂寥的雨巷相融合，使诗中凄凉的意境更加突出。终于，诗人期待的姑娘梦幻般地出现了，她默默地“走近”，投出了“太息一般的眼光”，等诗人跟踪而去，姑娘却像梦一样消失在雨的哀曲里了。在最后一节里，除将“逢着”改为“飘过”之外，诗句、音节与第一节完全一样，诗人在低回咏唱中重叠往复，一个孤独和惆怅的失意者形象跃然纸上。作者的情绪是低沉的、感伤的，但他并没有放弃追求，仍在继续希望着、追求着。

四、品味意象

师：我们体味到了这首诗的低沉、哀怨和无奈，也感受到了这首诗的美。那么，我们的感觉和体验是如何获得的？我们为什么认为它很美呢？

意象：雨巷、“我”、丁香、姑娘、太息一般的眼光、颓圮的篱墙……

师：请运用这些意象，结合本诗说一段话。

（学生阅读、思考、交流，并自由表现。）

1. 雨巷。

（出示雨巷的图片。）

师：作者小时候住在杭州大塔儿巷8号，他上小学、中学时走的都是长长的青石板路，对江南雨巷有着自己的生活体验和情感体验。梅雨季节，江南的小巷寂静、幽深、湿润，小巷两边是寂寞人家，间或有人匆匆走过。这一背景具有很强的视觉效果，给人丰富的想象空间。

2. 油纸伞。

（出示油纸伞的图片。）

师：对于雨具，作者并没有做过多具体的描写。这一方面避免了喧宾夺主，另一方面又留下了雨打油纸伞的朦胧意境。油纸伞本身具有复古、怀旧的特点，和幽深寂静的江南小巷、飘着的寂寥的雨相逢，便为整个情景平添一份冷静、凄清的氛围。

3. 丁香。

师：整首诗说不清道不明的朦胧意境都来源于“丁香”两字。美丽的事物总是和姑娘联系在一起。丁香一样的姑娘，丁香一样的忧愁，到底是什么样的呢？

（出示丁香花的图片。）

师：丁香花开在暮春时节，花的形状像结，呈淡紫色或白色。在中国古典诗词中，丁香象征着美丽、高洁和愁怨。《雨巷》中写“一个丁香一样的结着愁怨的姑娘”源于“丁香空结雨中愁”（李璟《摊破浣溪沙》）。丁香在暮春时节开花，诗人往往对着丁香伤春，说丁香是愁品。丁香因颜色不轻佻，常常赢得洁身自好的诗人的青睐。总之，丁香是美丽、高洁、愁怨的象征，雨中的丁香更是增添了愁怨和凄美。丁香花虽美，但容易凋谢。所以，以丁香为象征的姑娘也是容易消失离去的。

五、象征主义

（出示关于象征主义的资料。）

朱自清先生说：“戴望舒氏也取法象征派。他译过这一派的诗。他也注重整齐的音节，但不是铿锵的而是轻清；也找一点朦胧的气氛，但让人看得懂……他是要捕捉那幽微的精妙的去处。”《雨巷》朦胧而不晦涩，低沉而不颓唐，情深而不轻佻，确实把握了象征派诗歌艺术的幽微精妙。

六、艺术特色

1. 诗歌的音节——舒缓悠扬。

2. 诗歌的押韵——每行押“ang”韵 2～3 次。

3. 诗歌的手法——排比。

4. 诗歌的用词——大量带有情绪色彩的双音词的使用。

学生齐读全诗，并再次聆听诗朗诵，感受艺术特色。

（播放《雨巷》朗诵音频。）

教学反思

本课教学的成功之处主要体现在以下几个方面。

1. 充分利用互联网搜索教学资源，创设了教学情境，创新了教学内容，寓教于乐，学生在听、看、说、读、写的过程中培养了健康的审美情趣，陶冶了情操，大大地提高了学习效率。

2. 较好地突出了学生在课堂上的主体地位。本节课我把较多的时间给了学生，让学生及时说出自己的所思所想，并适当地引导学生解决问题，我则更多地起到穿针引线的作用。整个教学过程气氛活跃，学生都很放得开。

3. 有效地培养了学生阅读诗歌、感悟语言文字的能力，并通过对相关意象的深入品味与理解，使学生更好地把握了诗歌的主旨与情感，学会了一些鉴赏现代象征诗的方法；同时，通过对作者、写作背景、象征主义等知识的了解，培养了学生的爱国热情，拓宽了学生的视野，丰富了学生的知识。

（所获奖项：三等奖）

专家点评

在该教案中，教师借助多媒体手段充分调动学生的感官，着重培养了学生的朗诵能力和感知文本的能力。各教学环节环环相扣，联系紧密。首先，教师以歌曲《雨巷》导入，引领学生进入江南水乡的情境。教学过程中引入“象征主义”的概念，并保留悬念。教师设计诗歌教学时，选择适宜的音频、图片等资料，使得课堂教学形式多样，课堂气氛活跃，有效地调动了学生的积极性，营造了良好的学习氛围。对于《雨巷》的解读，如果只是流于表面的“寻找丁香似的姑娘”，就掩盖了这首诗的文学价值。教师在教学中以意象勾勒意境，进而描绘了一个富有美感却又充满着浓重忧伤的抒情意境，教师通过出示雨巷、油纸伞、丁香花等意象的图片，让学生进行感知，由浅入深，由具象到抽象，既加深了学生对意象的认识，又锻炼了学生的发散思维、独立思考、语言表达等能力，较好地突出了学生的主体地位。

如果教师在教学过程中针对“象征主义”这一概念再适当地举一些例子，让学生的思维由纵向延伸变为横向拓展，可能会更有利于学生加深对这一概念的认识，教学效果会更好。

（点评人：吉林省吉林市龙潭区江机中学　姜帆）

亡国之君的悲悼与愁思
——《虞美人》教案及评析

徐王冲①

教学背景

教学课时：1课时

教学准备：

1. 学生：根据自己的知识积累，写一段关于词这一体裁的知识介绍；初读本词，了解大意；参照有关资料写一篇《李煜小传》或《李煜简介》。

2. 教师：利用互联网搜索相关资料，制作多媒体课件。

教学目标

1. 有感情地诵读这首词。
2. 理解词的内容、情感和意境。
3. 培养审美情趣，提高鉴赏能力。

教材分析

这首词是李煜后期的血泪之作。本词上下阕各28字，共56字，虽是双调，却很短。文不艰深，也无典故，在词句的理解上没有多大难度。授课时主要让学生通过对意象的分析，把握作者的故国之思、亡国之痛以及物是人非之叹。除此之外，要引导学生鉴赏，教给他们鉴赏诗词的手法。

李煜后期的词发自内心，写的是作为亡国之君的故国之思与兴亡之叹，而词中流露的又主要是追惜年华、感慨人事变迁、哀叹命运等容易引起人共鸣的情绪，因此艺术感染力很强。由于他采用了唐五代词人少用的白描手法，以清新的语言写情，因而写出了自己独特的风格。

---

① 徐王冲，江苏省淮安市淮阴区阳光学校。

教学重难点

1. 抓住关键词语，理清思路，熟读成诵。
2. 理解词的内容，解读作者的情感。
3. 了解这首词所运用的艺术手法，并掌握鉴赏诗词的方法。

教学方法

在教学环节中，我适时引导学生思考，就鉴赏的思路和语言为学生提供“拐杖”，帮助他们提高审美情趣和表达能力。整个课堂可以采取以问题为线索、以内容为推进的模式展开。其间，要善于把预设传递给学生，要善于引导学生生成。

教学过程

一、导入新课

师：（出示“作个才人真绝代，可怜薄命作君王”，让学生齐读）同学们猜猜看，这两句诗说的是谁？（李煜）

二、作者简介

1. 学生展示预习成果：语文课代表从文学角度介绍绝代才子李煜，历史课代表从历史角度介绍薄命君王李煜。

2. 教师补充：李煜，字重光，初名从嘉，后以“日以煜之昼，月以煜之夜”之意改名李煜，号钟隐、莲峰居士，彭城（今江苏徐州）人。史载其“为人仁孝，善属文，工书画，而丰额骈齿，一目重瞳子”。南唐中主李璟的第六子，于北宋建隆二年（961 年）继位，史称李后主。开宝八年（975 年），国破降宋，被俘至汴京，后为宋太宗毒死。李煜虽不通政治，但其艺术才华非凡。他精书法，善绘画，通音律，诗文均有一定造诣，尤以词的成就最高，有千古杰作《虞美人》《浪淘沙》《乌夜啼》等词，因而他被称为“千古词帝”。

（出示有关李煜的资料。）

师：李煜是一位失败的政治家、一位绝代的才子。今天我们就来学习这位薄命君王、绝代才子降宋后的作品——《虞美人》。

三、解读标题

出示幻灯片：“虞美人”词牌—虞姬—虞美人花—唐一无名氏写的一首

词《虞美人》—李煜的《虞美人》。

（出示有关《虞美人》词牌来历的资料。）

四、诵读词作

1. 学生自读。

2. 请个别学生读，教师点评。

3. 听朗读录音。（播放《虞美人》朗读音频）

4. 学生集体有感情地朗读。

五、合作探究

1. 解读情感。

师：一首诗有“诗眼”，一篇文章有“文眼”，一首词有“词眼”。当然，今天不是要大家找词眼，而是要找出这首词中表达情感的字眼，我暂且把它定义为“情眼”。大家找找看，词中哪个字可以概括全文的感情？（愁）

师：李煜的愁有哪些？（从意象入手，挖掘情感）

明确：故国不堪回首月明中——故国之思。

结合作者背景，此时南唐已灭——亡国之痛。

雕栏玉砌还在，春花秋月循环不变（自然永恒）；朱颜却改，往事却如梦如烟散尽了（人事无常）——物是人非之叹。

师：请大家带着李煜的愁再次有感情地朗读这首词。

2. 鉴赏手法。

(1) 借景抒情。（春花秋月、小楼东风、故国明月）

(2) 虚实结合。（春花秋月、小楼东风是实写；雕栏玉砌是故国的景物，是虚写）

(3) 对比。（春花秋月何时了——往事知多少；小楼昨夜又东风——故国不堪回首月明中；雕栏玉砌应犹在——只是朱颜改）

(4) 比喻、夸张、设问。（问君能有几多愁？恰似一江春水向东流）

讨论：为什么是向东流，而不是向北、向南或向西呢？

明确：“东流”有可能是双关，既指水流向东，又暗指南唐故都金陵在东南方向。

（播放歌曲《虞美人》。）

六、课堂总结

师：这首词堪称李煜的血泪之作，是他的绝命词。这节课我们从两个方面入手赏析了这首《虞美人》，一是通过词中的一些意象解读了作者的情感，二是分析了词中所运用的艺术手法。

七、拓展训练

用相同的方法（解读情感、鉴赏手法）赏析李煜的另外两首词——《相见欢》《浪淘沙》。

（出示关于李煜《相见欢》《浪淘沙》赏析的资料。）

八、布置作业

背诵《虞美人》。

教学反思

本节课主要通过对《虞美人》这首词的赏析，引导学生走进李煜的内心世界，并掌握赏析诗词的方法。

我认为这节课有这样几处亮点：首先，导入新课时，我让语文课代表和历史课代表分别从文学和历史的角度介绍绝代才子、薄命君王李煜；其次，我安排了朗读环节，不仅有利于学生背诵，还有利于他们更好地理解文本，提高口语表达能力，学生读得非常有激情；第三，我把音乐导入课堂，播放歌曲《虞美人》，使这节课的气氛达到了高潮。但是本课也有不足之处，如在词牌的讲解上过于详细，费时较多，导致教学时间有点紧。在以后的教学中，我一定会有所改进，力求完美！

（所获奖项：三等奖）

专家点评

高中语文课程标准中指出，学生要学会鉴赏文学作品，能感受形象，品味语言，领悟作品的丰富内涵，体会其艺术表现力，有自己的情感体验和思考，受到感染和启迪；努力探索作品中蕴含的民族心理、时代精神，借以了解人类丰富的社会生活和情感世界。在阅读鉴赏中，了解诗歌、散文、小说、戏剧等文学体裁的基本特征及主要表现手法，了解作品所涉及的重要作家知识及其他文学知识，能用于分析作品，帮助对作品的理解。此外，还要诵读古典诗词和文言文，背诵一定数量的名篇。该教案中，教师设计的整体内容基本符合课程标准要求，各教学环节衔接得比较紧密，主要呈现出以下几个亮点：第一，以“作个才人真绝代，可怜薄命作君王”这两句评价词人李煜的古诗导入新课，接着由学生分别从文学角度介绍绝代才子李煜和从历史角度介绍薄命君王李煜，既加深了学生对李煜的认识，又使学生了解了本词的创作背景，为后续学习做了较好的铺垫。第二，教师将通过互联网搜索到的歌曲《虞美人》的音频用于课堂教学，时机比较恰当，既活跃了课堂气氛，又使学生在音乐艺术的熏染中进一步感受到词作中蕴含的情感。第三，教师尊重学生的主体地位，课前指导学生写一段关于词这一体裁的知识介绍，写一篇《李煜小传》或《李煜简介》，课上给予学生自主学习和合作学习的空间，提高了学生的自主学习能力和合作学习能力。

需要注意的是，高中生已经具备较好的语言文字基础和较强的自主学习能力，而该教案虽然体现出了教师对学生主体地位的尊重，但学生的自主性发挥得还不够。教师应进一步放手，给予学生更多的表现机会，例如，请学生展示预习成果；让学生分别从文学角度和历史角度介绍李煜时，不局限于课代表，也给其他学生机会；两位学生发言后，由其他学生代替教师进行补充等，效果可能会更好。另外，教师在引导学生学习用现代的观念和发展的眼光审视古代作品的内容和思想倾向，提出自己的看法等方面也可以再下些功夫。

（点评人：辽宁省沈阳市和平区教师进修学校　焦玉琨）

探寻中华文明之美
——《优美的汉字》教案及评析

徐一姝[①]

教学背景

教学课时：1课时

教学准备：

1. 学生：查阅汉字的起源、演变、构成特点以及优秀的书法作品，利用互联网查出自己姓、名的含义。

2. 教师：利用互联网搜索相关资料，制作多媒体课件。

教学目标

1. 了解汉字的起源、演变、构成特点，感受汉字的音美、形美和意（思想情感）美。

2. 体会《红楼梦》中的汉字之美。

3. 了解汉字与中华文化的关系，感受汉字强大的生命力，产生对传统文化的探究兴趣和民族自豪感。

教材分析

汉字是工具性与人文性的完美统一，是中华文化的血脉，更是与我们的精神世界生死与共的生灵。然而，在互联网时代的冲击下，学生对汉字的了解日益匮乏，喜爱甚至使用汉字的热情日渐消退，因此，语文教师、语文课堂在激发学生对汉字的探索兴趣，使其产生学好汉字、传播汉字的使命感方面尤为重要。

《优美的汉字》从汉字的起源、形体、构成与文化等方面为学生提供了

---

① 徐一姝，吉林省通化市靖宇中学。

领略其魅力的契机，为整个高中语文教学奠定了基础。

教学重难点

1. 了解汉字的起源、演变、构成特点，感受汉字的音美、形美和意（思想情感）美。

2. 了解汉字与中华文化的关系。

教学方法

本课以问题引领教学，在教学过程中以问题创设情境，以解决环环相扣的问题作为课堂教学的主要方式，以学生小组讨论、自主探究、自主展示为主，最后教师进行梳理，从而提升课堂的文化内涵。

教学过程

一、情境导入

（播放有关汉字的起源的视频。）

师：一段意境深远的古典乐曲，一个个优美而神秘的图形文字，将我们的思绪带入了那个遥远的年代。今天就请同学们和老师一起研究中国最古老的文明——汉字。

二、新课教学

1. 梳理汉字的起源、演变以及构成。

师：根据自己收集的资料，你了解了关于汉字的起源的哪些知识？

教师总结：

（1）古籍文献中有关汉字的起源的学说。

（出示关于汉字的来历的资料。）

① 结绳说；

② 八卦说；

③ 仓颉造字说；

④ 神鬼献书说。

（2）从考古发现的原始汉字资料来看，汉字的产生可能有两条途径：一是来自记号，一是来自图画。

请学生分小组整理自己收集的关于汉字演变的资料，并派代表在黑板上书写“马”字在字体中的演变过程。

第一组：甲骨文→金文

第二组：大篆→小篆

第三组：隶书→行书→楷书

（教师出示《汉字字形演变表》。）

师：请同学们观看一段视频，加深对汉字字形演变的理解。

（播放视频《汉字演变过程》。）

师：你发现了汉字字形演变有什么规律？

汉字字形演变的总趋势是从繁到简：象形性逐渐减弱，从图形化演变为线条化、平直化；笔画由多到少，结构由复杂到简单。

（3）汉字是记录汉语的符号，因形体方正而被称作“方块字”。汉字的构成方式称为“六书”：（独体）象形、指事，（合体）会意、形声，（用字）转注、假借。

（出示关于“六书”的资料。）

师：请同学们根据自己查阅的资料，结合自己所学的知识，探究下面这些汉字分别属于哪种构字方法。（出示一些汉字）

2. 探究汉字的“三美”。

（1）师：解晓东有一首歌——《中国娃》：“最爱说的话呀永远是中国话，字正腔圆落地有声说话最算话；最爱写的字是先生教的方块字，横平竖直堂堂正正做人也像它。”同学们能总结一下汉字的特点吗？

① 字正腔圆，抑扬顿挫；

② 横平竖直，端正大方；

③ 以形出义，意蕴深刻。

师：伟大的文学家鲁迅曾经说过，汉字有“三美”：形美以感目，音美以感耳，意美以感心。下面就让我们一同来感受这“三美”。

（2）请各组学生将本组收集的资料汇总，并派代表发言。

第一组：汉字的音美体现在哪里？

第二组：汉字的形美体现在哪里？

第三组：汉字的意美体现在哪里？

教师梳理，出示关于汉字“三美”的资料。

（3）教师展示中国古代诗词，如李清照的《声声慢》，让学生在朗读中感受中国汉字的音韵之美。

（4）教师展示“孝”“家”“安”的甲骨文，让学生感受汉字的意美。

例如，“孝”是一个孩子背着一个老人在走。汉字以它特殊的构成方式，体现中华“仁、义、礼、智、信”等深刻的文化内涵。

（5）教师展示名家书法，让学生体会汉字的形美。

师：书法是“纸上的舞蹈”，那些经过艺术处理的汉字让我们感受到了形体美。

三、拓展探究

1. 教师列举《红楼梦》中谐音双关的内容。

（1）元春、迎春、探春、惜春（原应叹息）

（2）万艳同杯（悲）、千红一窟（哭）

（3）抱琴、司棋、侍书、入画（琴棋书画）

（出示关于《红楼梦》中人物名的谐音双关语的资料。）

2. 你认为汉字将会被拼音文字所替代吗？为什么？

学生自由发言，教师正面引导。

师：汉字有着强大的生命力。世界最重要的古代文字中，埃及的象形文字灭亡于公元5世纪，美索不达米亚地区的钉头文字（也叫楔形文字）早在公元前4世纪就随着波斯王国的灭亡而一起灭亡了，而汉字历经几千年，至今还在为中华民族服务。它焕发着无穷的魅力，受到越来越多的海外人士的重视。这才是真正的世界奇迹。

（出示文章《伟大汉字的魅力与特点》。）

教学反思

本课属于梳理探究性文化课，所以我在本课中只起引导作用，以问题引导学生自己梳理知识，在自主讨论中探究文化内涵。

教学中突出了学生的主体地位，尊重学生，让学生做学习的主人，我则更多地作为以问题来引导学生的组织者。

1. 创设情境，并通过视频、图片等资料吸引学生，使学生自主参与到课堂中来。

2. 由学生自主发现现象，再直接由现象引出接下来要探究的问题。

3. 利用网络做好课前的准备工作，使学生上课有更多的发言内容与机会。

4. 通过感知、发现、追寻汉字之美，激发学生对书法、诵读和文学的热爱，从而爱上中华文化。

5. 让学生在互联网的帮助下，培养自主解决问题的能力。

（所获奖项：三等奖）

专家点评

该教案教学内容丰富，教学目标明确。从整体上看，最大的优点是体现了“以学生为主体、以教师为主导”的教学思想。整个教学过程中，教师扮演了组织者、引导者的角色。课前，教师安排了学生预习，培养了学生的自主学习能力和收集、处理信息的能力。课堂教学伊始，教师用与本课主题密切相关的视频引入新课，有效地激发了学生的兴趣，同时使学生了解了有关汉字来源的常识。新课教学环节中，教师把课堂交给学生，由学生根据预习分组学习，并给予学生交流、展示预习成果的机会，引导学生发现汉字字形演变的规律，探究汉字的构成方式，充分发挥了学生的学习主动性，调动了学生的学习积极性，锻炼了学生的表达能力和综合应用能力。教师引领学生体会《红楼梦》中的文字音韵和古代文字的特点，开阔了学生的视野，有助于激发学生对传统文化的兴趣。

需要注意的是，本课主题为“优美的汉字”，重点在于让学生感受汉字的“优美”，既要引导学生学到汉字“美”的知识，又要引领学生感受到汉字“美”的艺术，进而促进学生学会汉字“美”的应用。在课堂教学过程中，教师如果能在对学生进行充分指导的前提下进一步放手，围绕汉字的“三美”来调整预习内容，恰当选用教学媒体，给予学生更多的表现机会（如由学生代替教师来展示汉字的“三美”），着重突出汉字的“三美”，教学效果可能会更理想。

（点评人：辽宁省沈阳市和平区教师进修学校　焦玉琨）

远离战火，拥抱和平
——《一个人的遗遇》教案及评析

刘　娥[①]

教学背景

教学课时：1课时

教学准备：

1. 学生：阅读全文并概括故事情节。

2. 教师：利用互联网搜索相关资料，制作多媒体课件。

教学目标

1. 通过对作品的研读、探讨，了解人物在战争中的遭遇和他们的心灵世界，理解世界人民的和平愿望，对战争毁灭人类的罪恶有深刻的认识。

2. 正视战争给人民带来的灾难，反思战争的危害，认识到和平与发展是当今时代的主题，进而珍视和平环境。

教材分析

小说通过一位老兵对战争的回忆，讲述战争给人带来的创伤。在切入点上，本文与一般描写战争的作品不同：一般描写战争的作品以战争的残酷、血腥为主；本文主要描写战争给人带来心灵上的创伤，写的是那种永远都不能弥补的心灵上的损失。用这种心灵创伤来谴责法西斯的罪恶，比单纯写战争中的暴行更有力。

教学重难点

1. 理解战争给人带来的深重创伤。

---

① 刘娥，江苏省连云港市海州高级中学。

2. 体会人物的深刻情感。

教学方法

本课采用文本研习法、合作探究法。

教学过程

一、导入新课

请学生解释成语“铸剑为犁”，然后出示关于该成语来历的资料。

师：在联合国总部有一座由苏联雕塑家创作的名为“铸剑为犁”的雕像，象征着人类要求终结战争，把毁灭人类的武器变为造福人类的工具。这座雕像在联合国已经矗立了半个多世纪，可和平的钟声并未向全世界渴望和平的人们敲响。20 世纪，除了爆发了两次世界大战，还有打着各种旗号发动的局部战争。战争毁灭财富，毁灭生命，这已经够残酷的了，而诺贝尔文学奖获得者肖洛霍夫又会让我们对战争有什么样的思考呢？现在让我们跟着亲历第二次世界大战的他去感受战争中一个人的悲惨遭遇。

二、整体把握，自学成果展示

小说的三要素：人物、情节、环境。

解题：“一个人的遭遇”，题目点明了人物和情节，其中“一个人”指的是索科洛夫，“遭遇”即故事情节。

师：索科洛夫有怎样的遭遇呢？请用简洁的语言概括故事情节及每个阶段他的心理情感。

学生展示自学成果。

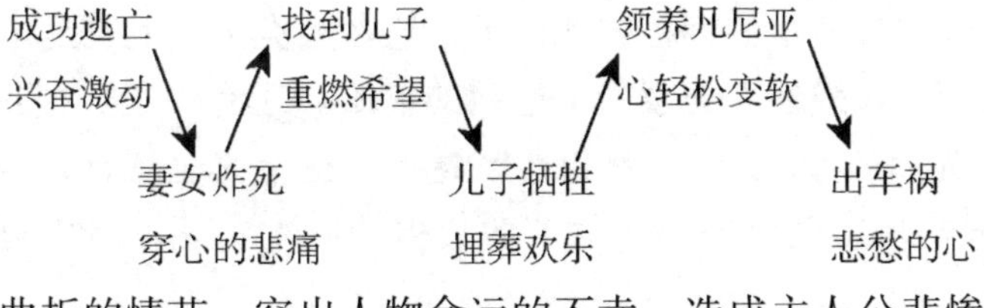

小结：曲折的情节，突出人物命运的不幸。造成主人公悲惨命运的根源是什么？战争。所以，本文主题鲜明：反战，揭露造成幸存者的悲惨命运的战争的罪恶。

三、研读文章的重点情节

重点情节：“领养凡尼亚”部分。这一部分也可以用题目《一个人的遭遇》来概括，只不过主人公变成了凡尼亚。

请学生简单说说凡尼亚的遭遇。文章为什么安排这一情节并详写？

(1) 从主人公索科洛夫方面入手研读：他领养凡尼亚前后心理情感有怎样的变化？领养前：由于自己的不幸更能同情别人的不幸，对孤儿的爱。领养后：做父亲的幸福，心灵的慰藉，精神的寄托。这部分是索科洛夫情感变化的重要转折，是索科洛夫从战争创伤中走出来的重要契机。两个饱受战争创痛的人就像被飓风卷到一起的树叶，凡尼亚是索科洛夫余生的精神慰藉。

引用苏联德·勃拉果依的评论："于是这两个各自流浪的、'孤苦伶仃的'、失去了一切的人，彼此在对方身上赢得了他们的融汇为一体的共同命运，互相确定了对方在生活中应有的地位。因为不单是这男人使得这个孩子确实像一个孩子那样生活下去，而且这孩子也可以使这男人'刚强起来'——永远有信心、永远是一个男子汉。"

(2) 从主题方面入手研读：凡尼亚的遭遇说明了什么？说明战争不仅给战争的经历者带来灾难，同样给无辜的人带来痛苦——这就是战争中人的遭遇，从而突出战争的罪恶。

四、合作探究

(1) 题目《一个人的遭遇》能否改为《索科洛夫的遭遇》或《凡尼亚的遭遇》?

主人公索科洛夫是一位普通的军人，但他在战争中的遭遇具有广泛的代表性。希特勒入侵苏联，给全体苏联人民造成的灾难是无法描述的。据说，经过残酷的战争，在苏联几乎没有一个家庭没有亲人牺牲，因此他们的餐桌上总有一个或不止一个位子空着，而空位子上仍摆着餐具，以表示活着的人没有忘记他们。这是多么悲惨的景象！据说，苏联在战争中牺牲的人数达到2000多万。当然，这个数字是否绝对准确也很难说，但肯定是一个可怕的数字。苏联人民在战争中的牺牲如此惨重，这在人类历史上也是罕见的。

第二次世界大战使人类蒙受了空前的灾难。还有一组数据：战火蔓延近40个国家，先后有60多个国家和地区卷入。据不完全统计，战争中死亡者达5500万人，是历次战争中死亡人数最多的一次，死亡者中有一半以上是无辜的平民。

这就是一个人的遭遇，这就是战争中千千万万普通人民的遭遇，而不仅仅是索科洛夫的遭遇或凡尼亚的遭遇。小说通过家庭的悲剧，揭露了战争给人的生活、心灵造成的巨大伤痛，控诉了战争的罪恶。

肖洛霍夫于1965年获得诺贝尔文学奖，在瑞典的领奖仪式上说："我希望我的书，能够帮助人们变得更完美，心灵更纯洁，能够唤起对人的爱，唤起人们积极地为人道主义和人类的进步理想而斗争。如果我多少能做到这一点，我就是幸福的。”

小结：死者长已矣，生者常戚戚。即使像索科洛夫这样坚强的人也难以抚平心灵的创伤。而人们能够做到的，也应该做到的是不能伤害孩子幼小的心灵。

（2）小说的结尾说“重要的是能及时转过脸去”，不能让孩子看到脸颊上滚动着的“吝啬而伤心的男人的眼泪”，对此你是怎样理解的？要求学生发表感言，从多个角度思考战争、孩子、苦难、和平等与课文相关的话题。

小结：“战争归来抱孤儿”一幕感人至深，没有血淋淋的战场，没有普天同庆的凯旋，带给读者的是几多心酸、几多欣慰。战争摧毁不了坚忍，战争泯灭不了善良。凡尼亚是个孤儿，他或许还不明白发生的一切，包括战争和苦难、同情和怜悯，但孩子越是天真，就越显出战争的罪恶和残酷。不让孩子看到流泪，这是有良知的人不想让孩子承受战争之苦，是为了呵护孩子的心灵，这是成人对孩子的一份责任。

五、课堂总结

师：看看当今的世界，仍然有地方战火纷飞（出示关于伊拉克战争的资料），仍然有人包括孩子在流着鲜血。想想我们能在宁静的下午，能在窗明几净的教室里安心地一起学习这篇经典作品，老师最大的感受是“和平真好”，想必同学们和我一样“心有戚戚焉”。我们应该珍惜这用无数先烈的生命换来的和平。我们不怕战争，但我们反对战争。为了索科洛夫的遭遇不再重演，为了像凡尼亚一样的孩子不再成为孤儿，为了爱好和平的人不再为战争而流泪，让我们为和平而祈祷吧！

六、布置作业

创作一条以“反对战争”为主题的公益广告。（要求：语言简明，有感染力）

教学反思

本文篇幅比较长，用一个课时教学有点儿难度，在短时间里引领学生主动地、深入地走入文本，成为这堂课成功的关键。本次教学紧扣题目中的“遭遇”，引领学生主动地走进故事情节，结合从网上搜索的很多材料来突出本文的主题，使学生理解了索科洛夫的遭遇和凡尼亚的遭遇就是战争中人的遭遇，理解了战争给人的生活、心灵造成的巨大伤痛，控诉了战争的罪恶。

教学是遗憾的艺术，由于时间关系，人物情感体会力度不够，学生走进了人物的心灵世界却没有驻足停留，未能很好地体验。

（所获奖项：三等奖）

专家点评

该教案中，教师既重视发挥学生的主体作用，同时自身担任了课堂教学的组织者和引导者。课前，教师安排学生预习，要求学生阅读课文并概括故事情节，培养了学生的自主学习意识。课堂教学伊始，教师请学生解释成语“铸剑为犁”，由此引入本课教学内容，继而通过一系列问题，引导学生展示自学成果、研读文章的重点情节、合作探究文章的深层含义和相关背景，锻炼了学生的语言表达能力和综合应用能力，加深了学生对课文主题“反战”的感受和理解。教师指导学生在自主、协作学习过程中注意用普通话流畅地朗读，恰当地表达出战争中人物的思想感情和自己的感受；引导学生学会鉴赏课文，并在阅读鉴赏中了解作品的基本特征及主要表现手法，了解作品所涉及的重要作家知识及其他文学知识，用于分析作品，加深对作品的理解；引领学生感受文中的人物形象，品味作者的语言，领悟作品的丰富内涵，体会其艺术表现力，产生热爱和平、反对战争的情感体验和对战争危害的思考……这些都符合高中语文课程标准中的目标要求。最后，教师布置的作业——创作一条以“反对战争”为主题的公益广告，比较有新意，有助于提高学生的综合应用能力。

教师在反思中说：“由于时间关系，人物情感体会力度不够，学生走进了人物的心灵世界却没有驻足停留，未能很好地体验。”高中生已经具备了较强的语言文字基础和自主学习能力，如果教师加强对学生的预习指导，适当精简课堂教学内容，进一步放手，给学生更大的自主空间（如由学生来做课堂总结），学生对课文的理解和体验会更深刻。

（点评人：辽宁省沈阳市和平区教师进修学校　焦玉琨）

中华姓氏千千万，中华儿女是一家
——“姓氏源流与文化寻根”教案及评析

徐一姝①

教学背景

教学课时：1课时

教学准备：

1. 学生：查阅古代姓和氏的不同特点，查出自己姓氏的来源，收集与自己同姓的历史文化名人。

2. 教师：利用互联网搜索有关姓氏的形成、特点以及来源的资料，制作多媒体课件。

教学目标

1. 梳理姓氏分途时各自的特点以及现在的姓氏产生的途径；通过资料的梳理，探究姓氏合一的时间以及原因。

2. 产生身为中华儿女的民族认同感与自豪感，以及对祖国文化的热爱之情。

3. 培养自主、合作、探究的能力和通过讨论、归纳得出结论的能力。

教材分析

人总是生活在一定的文化背景下，要想了解一个人，首先要了解他的文化背景；要想研究一个民族，也必须研究这个民族的文化。本课从姓氏入手，引导学生寻根问祖，热爱祖国的文化。本课属于梳理探究性文化课。我在本课中只做引导，不给学生提供所谓的“标准答案”。学生自己梳理知识，探究内涵。

① 徐一姝，吉林省通化市靖宇中学。

教学重难点

1. 梳理姓与氏的源起、特点及作用，探究姓氏合一的时间及原因。

2. 通过探讨，产生民族认同感与自豪感。

教学方法

本课采用情境导入法、小组合作学习法等。

教学过程

一、情境导入

（播放视频《百家姓图腾》。）

1. 出示课件，请学生回答以下几个问题。

（1）历史典故中的人物是谁？

（2）他们姓什么？

2. 出示关于姓氏的资料。

3. 请学生根据这些资料总结古代姓氏在使用时的特点。

学生发言，教师板书。（姓氏分途，一人一姓多氏，男称氏女称姓，姓氏合一）

二、新课教学

（一）梳理姓氏分途时各自的特点

1. 根据自己收集的资料，你了解了关于“姓”的哪些知识？

教师总结：

（1）姓的产生（出示关于姓氏的起源与演变的资料）。

（2）姓的作用（出示关于先秦姓氏的作用的资料）。

2. 学生分小组整理自己收集的关于“氏”的资料，并派代表发言，其他小组可以进行补充。

第一组：氏是如何产生的？

第二组：氏在社会存在中表现为哪些特点？

第三组：氏的作用是什么？

师：请同学们观看一段视频，加深对“氏”的理解。

（播放视频《中华姓氏文化大观：姓与氏的区别》。）

3. 请学生概括姓、氏有哪些区别。

（二）探究姓氏合一

1. 请学生阅读一段材料，根据材料并结合自己所学的知识，探究以下两个问题。

（1）姓氏合一发生在什么时期？

（2）姓氏合一的原因是什么？

2. 请学生联系生活实际，谈一谈姓氏合一对后世的影响。

（三）梳理姓氏产生的途径

师：因为姓氏的合一，所以我们今天所说的姓氏，大都是过去的“氏”，而姓氏是怎么来的，都有哪些途径呢？

1. 学生展示自己姓氏的来源。

2. 教师根据学生的发言，总结姓氏产生的主要途径。

3. 教师梳理（出示关于中国姓氏的由来的资料）。

（四）寻根问祖

师：知道了自己姓氏的来源，那你能说说自己家族中令人骄傲的历史文化名人吗？

学生自主发言。

师：从同学们积极踊跃的表现中，老师看到了大家对自己家族的热爱以及强烈的自豪感。我们中华民族也是一个大家庭，我们都称自己为中华儿女。你知道为什么吗？

学生讨论后发言（主要是从文化和民族形成的角度讲）。

师：其实我们自称中华儿女，是因为我们有着共同的文化，血脉相连，同根同源。所以我们以被称为中华儿女而自豪，我们因是中华儿女而具有共同的目标——将我们的民族发扬光大。

（播放有关祭祀黄帝大典的视频。）

师：同学们如何看待这种祭祀祖先的现象？

师：这种祭祀不是祈福，而是感恩，感谢祖先为我们留下的文化遗产；不是炫耀业绩，而是传承，传承一个民族的精神内涵。只有一个民族所有的人有了认同感和自豪感，才会团结一心，将我们的民族精神和民族文化发扬光大。

三、布置作业

简单阐述女子称姓的特点及其背后的文化现象。

教学反思

本课属于梳理探究性文化课，所以我在本课中主要通过设置问题，引导学生自己梳理知识，自主探究姓氏的文化内涵。

本课教学突出了学生的主体地位，主要有以下几个特点。

1. 通过创设情境导入本课主题，激发了学生的学习兴趣。

2. 让学生根据自己收集的资料进行讨论并发言，给学生提供了充分展现自己的机会，锻炼了学生的语言表达能力和自主学习能力。

3. 通过对古代姓氏文化的探究，寻根问祖，培养学生的民族认同感与自豪感以及对祖国文化的热爱之情。

（所获奖项：三等奖）

专家点评

当今社会飞速发展，中西方文化的融合加速，传统文化教育在一定程度上受到冲击。在这样的社会大环境下，很多青少年缺乏对中华传统文化之根的感受和认识。文化寻根，不仅能充实学生的文化知识，丰富学生的文化底蕴，而且可以激发他们的探索热情，唤起并增强他们的社会责任感。高中必修教材中设置《姓氏源流与文化寻根》这一课，正可以使学生在对姓氏的探究中寻找文化之根，在掌握知识的同时受到传统文化的熏陶。

教师设计的教学目标比较明确，基本符合课程标准要求和学生的学业水平。整个教学设计体现了教师对学生主体地位的尊重。课前，教师指导学生查阅古代姓和氏的不同特点，查出自己姓氏的来源，收集与自己同姓的历史文化名人，既培养了学生的自主学习能力和收集、处理信息的能力，又使学生体验了自己的“文化寻根”之旅，为课堂学习做好了准备。教学过程中，教师通过一系列问题引发学生思考，辅以丰富的多媒体资料，引导学生在课前准备的基础上进行自主、合作学习，调动了学生的学习积极性，同时锻炼了学生的语言表达能力和综合应用能力。有关祭祀黄帝大典的视频的选用既开阔了学生的视野，又有助于增强学生的民族自豪感和责任感。

此外，教师需要注意以下两点：第一，“文化寻根”不是一个简单的课题。本课旨在通过对古代姓氏文化的探究，引导学生寻根问祖，增强民族认同感与自豪感以及对祖国文化的热爱之情。如果教师在指导学生收集与自己同姓的历史文化名人的同时，能引导学生关注现实中的家族历史，在课前或课后真正去尝试“寻根问祖”，对于增强学生的家族情感、民族意识应该会有积极的作用。第二，高中生已经具备了较强的自主学习能力和综合应用能力，教师如果能进一步放手，给学生更多的表现机会，可能会进一步调动学生的学习积极性，提高课堂教学效率。

（点评人：辽宁省沈阳市和平区教师进修学校　焦玉琨）

解读母爱，感悟亲情

——“写母爱，诉真情”教案及评析

潘爱颖①

教学背景

教学课时：1课时

教学准备：

1. 学生：重温写出人物的个性的方法，掌握记叙文描写人物的要领。

2. 教师：利用互联网搜索有关亲情的资料，制作多媒体课件。

教学目标

1. 感知母爱亲情，并由感念母爱、亲情上升到对生命意义的认知。

2. 观察、体悟生活中体现亲情的生活细节，运用已掌握的有关描写人物个性的方法，有感而发，写出对亲情的感悟片段。

3. 在认知、感悟亲情的基础上，用行动回报母亲。

教材分析

这节作文课旨在引导学生从感受人世间最伟大的爱（母爱），用自己的真情实感抒写生活中最亲密的人（母亲）开始，注重细节，学会感受来自生活的方方面面的爱，从而爱身边的人、爱生活，写出富有真情实感的好文章，同时也为今后的写作奠定基础。

教学重难点

1. 掌握人物的细节描写的方法。

① 潘爱颖，吉林省通化市靖宇中学。

2. 观察、体悟生活中体现亲情的生活细节，运用已掌握的有关描写人物个性的方法，有感而发，写出对亲情的感悟片段。

教学方法

本课采用点拨法、自学释疑法、分组讨论法。

教学过程

一、导入新课

播放视频《伟大的母爱》。

二、新课教学

师：中华五千年的文明史，积淀了五千年的思想精华：有“少小虽非投笔吏，论功还欲请长缨”的报国之志；有“挥手自兹去，萧萧班马鸣”的别友之情；有“执子之手，与子偕老”的缠绵之意；更有令人心神震撼的“谁言寸草心，报得三春晖”的慈母深恩。母爱亲情是永恒的话题，母爱亲情是呱呱坠地的婴儿在亲情、友情、爱情中最早接触到的情感。汶川地震的余声中，我们除了眼中有泪心中流，是否也感到了母亲对我们默默无声的爱？我们又如何做到我手写我心，通过手中的笔倾诉出对母爱的感悟呢？让我们从感性的事实中找寻母爱亲情的特点，在生活中感知母亲对我们默默付出的无私的爱，让母爱亲情在我们笔下流淌，回馈母亲对我们的爱，让母亲得到心灵的慰藉。

（出示文章《父母与孩子之间的爱》。）

学生阅读文章，概括母爱亲情的特点。

（教师要关注学生的活动状态，与他们共同解决可能存在的问题和困惑，引导学生从文中找答案。）

出示母爱亲情的特点：

（1）无条件的，不用努力去换取。

（2）关怀孩子的身体和心理健康，给孩子安全感。

（3）是世界上最伟大的、每个人内心深处最为渴求的爱。

师：我们了解了母爱亲情的特点后，同学们分组在互联网上搜索有关母爱的名言、诗歌、歌曲、文章、图片和视频，进一步感受母爱的这些特点，注意找出材料中引起你心灵震撼的地方，每组推荐1～2份材料。

学生围绕从网上搜索到的母爱亲情的内容进行鉴赏和评论。

（出示《一份来不及珍惜的爱》《母亲说的八个谎言》《路边的小贩》《疯娘》等文章。）

师：同学们感受颇深，这些材料为什么让大家如此感动？

学生自学释疑。

师：是文章的作者在描写母爱时，写出了真情实感，拨动了我们的心弦，引起了同学们的共鸣。写母爱，诉真情，使作文有了灵魂，如何具体使母爱亲情在作文中更加生动感人呢？我们先来回顾学过的描写人物的个性的方法。

学生分组回顾并归纳。

教师总结：

（1）人物的肖像与个性有契合点就写，否则不必写。

（2）写人的作文必有细节描写。

（3）有详有略地举出突出人物个性、贴近生活的两三个例子。

（4）作文中不要有概括个性的定性语句。

师：只有在作文中流露出真情实感，结合人物的个性，才能将我们对母亲的爱写得真实、感人。下面是通过互联网搜索的有关母爱的材料，能进一步加深同学们对母爱的感悟。

（出示毕淑敏的《孝心无价》、史铁生的《秋天的怀念》等文章。）

三、课堂延伸

引导学生在认知、感悟亲情的基础上，用行动回报亲人。学生深感母爱，化感知为行动，或以学习佳绩，或以做家务，或以熨帖的话语等各种方式回报亲人。

四、课堂总结

师：本节课我和同学们一起点燃了感受母爱的火种，重温了伟大无私的母爱。同学们长大了，懂事了，你们读懂了母亲这本默默奉献的大书。就让我们从感知母爱开始，去感受人生的各种爱，进而学会爱人、爱生活、爱社会，以我笔诉真情，写出有灵魂、有真情的好文章来！同学们要做到以下两点：

1. 诉真情不仅要写出人物的个性，还要注意抒发真情实感。

2. 如果有不理解或不明白的地方，可以上网搜索相关材料进行学习。

五、课堂练习

回顾生活中体现母爱的细节，写一个100字左右的片段，学生共同鉴赏与评论。

教师点拨：要写出人物的个性，并注意抒发真情实感。

六、布置作业

写一篇有关母爱的记叙文（800字左右）。

教学反思

只有不会教的教师，没有教不会的学生。学生的作文都带有其生活经历的印记，学生接触的人物各异，笔下的人物也必定不同。然而，学生的写人作文常常语言干瘪无味，人物毫无个性，千人一面，缺少真情实感。究其原因，在以往有关写人作文的教学中，教师常常过多关注写出人物个性的技巧，而忽视了抒发真情实感，因而学生作文中的人物缺少真实性。汶川地震中爱儿至深的母亲的手机短信内容震撼了我的心，给了我启发。于是，本节课我就以感悟母爱为出发点，在母爱亲情中激发学生的写作热情。学生热情高涨，使这节课收到了意想不到的效果。本课也使我深深感到，“以情激情”不仅是提高学生学习效率的有效途径，而且是提高学生的综合素养、发挥语文人文教育作用的好方法。

（所获奖项：三等奖）

专家点评

高中语文课程标准中指出，要引导学生学会多角度地观察生活，丰富生活经历和情感体验，对自然、社会和人生有自己的感受和思考，多方面地积累和运用写作素材；写作时考虑不同的目的和对象，以负责的态度表达自己的看法，激发表达真情实感的热忱；作文要观点明确，内容充实，感情真实健康……在这节作文课中，教师设计的教学目标比较明确，基本符合课程标准要求和学生的学业水平。教师在教学之前利用互联网搜索与本课主题相关的资料作为课堂教学的参考，所选用的素材切合主题，质量较高，渲染了课堂气氛，加深了学生的情感体验，激发了学生的真情实感，从而使学生写出了优秀的作文。教师组织学生阅读相关文字材料并分组讨论，引导学生发现母爱亲情的特点、回顾归纳表现人物个性的写作方法，提升了学生的阅读分析能力和写作能力。教师引领学生查找关于母爱的资料，并进行交流、讨论，既帮助学生积累了写作素材，又加深了学生对母爱的体会和理解，同时培养了学生收集、处理信息的能力。

需要注意的是，作文教学的重点在于提高学生的写作能力，而要提高学生的写作能力，最好的方法是让学生进行写作实践。高中语文课程标准中指出，要引导学生养成多写多改、相互交流的习惯，对自己的文章进行审读、反思，主动吸纳、辩证分析他人的意见。该教案中，课堂的大部分时间被用于学习如何写作，如果能适当调整内容，在引领学生体验亲情、学习写作方法的基础上，引导学生写出作文片段，分组或在全班范围内鉴赏评论后，进行修改，再鉴赏评论……这样将更有助于增加学生的写作实践体验，提升学生的写作水平。

（点评人：辽宁省沈阳市和平区教师进修学校　焦玉琨）

感悟生命，体验亲情
——《我与地坛（节选）》教案及评析

徐建锋①

教学背景

教学课时：1课时

教学准备：

1. 学生：初读课文，梳理课文脉络；了解作者的生平及创作特点，收集北京地坛的相关资料。

2. 教师：利用互联网搜索相关资料，制作多媒体课件。

教学目标

1. 了解史铁生的生平及其作品的独特风格和价值。

2. 掌握文本中写景抒情的手法，品味文章深沉绵密的语言特色，学习运用语言文字把生活中的独特感受形象地表达出来。

3. 采用自主、合作、探究的方式，激发学习的主动性，提高理解、感悟的能力，学习用细微的事物刻画细腻的心灵，在生活中熟练运用相关技巧表达情感。

教材分析

《我与地坛》分为三部分：第一部分写地坛的风景及作者在地坛中得到的人生感悟，第二部分写作者对母亲的追思之情以及对生命的理解，第三部分写自己与地坛不可分割的情感。课文中节选的是前两个部分，全文感情真挚、丰富，不仅是作者真情实感的流露，更体现了作者炉火纯青的写作技巧。本课旨在让学生通过学习课文，能够热爱生命，珍惜亲情，形成健康美

① 徐建锋，江苏省泰兴市第四高级中学。

好的情感和奋发向上的人生态度。

教学重难点

1. 体会作者笔下地坛宁静肃穆、生机盎然的美。
2. 体味作者在文中表达的对生命和生活的态度。
3. 学会运用细腻的手法刻画人物的心理。

教学方法

本课采用情境导入法、合作探究法等。

教学过程

一、导入新课

师：每个人都有自己独特体验的一片天地，刘亮程有属于他一个人的村庄，梭罗有自己的瓦尔登湖。如果说有一个地方影响了史铁生，那一定是地坛。韩少功评价道："《我与地坛》这篇文章的发表，对当年的文坛来说，即使没有其他的作品，那一年的文坛也是一个丰年。"

二、研读课文

1. "我"眼中的地坛。

播放贝多芬《命运交响曲》音频，教师配乐诵读《我与地坛》。

明确：地坛荒凉、冷落、沉寂，被人们忽视甚至遗忘，同时又充满生机，显得从容、淡定、平和。

2. 地坛中的"我"。

师："我"经历了怎样的变化？

地坛让"我"从痛苦和绝望变得释然、平和。

3. 小结。

地坛包容了"我"、抚慰了"我"、启示了"我"、改变了"我"。

三、深入探究

1. 走近史铁生。

史铁生（1951—2010），原籍河北涿县（今涿州市），1951 年出生于北京，1967 年毕业于清华大学附属中学，1969 年去延安一带插队。因双腿瘫痪于 1972 年回到北京。后来又患肾病并发展到尿毒症，需要靠透析维持生命。自称“职业是生病，业余在写作”。史铁生创作的散文《我与地坛》鼓励了无数人。2002年获华语文学传媒大奖年度杰出成就奖。曾任中国作家协会全国委员会委员、北京作家协会副主席、中国残疾人协会评议委员会委员。2010年12月31日因突发脑溢血逝世。

2. 地坛对史铁生最大的启示——如何看待生和死。

（1）命运中的“我”。

（2）“我”眼中的命运。

师：“死是一件不必急于求成的事，死是一个必然会降临的节日。”如何理解既不害怕活着的痛苦，也不畏惧死亡的到来？

（3）像史铁生一样活着。

① 介绍其成就。

史铁生是当代中国令人敬佩的作家之一。他的写作与他的生命完全融合在了一起，在自己的“写作之夜”，史铁生用残缺的身体，说出了最为健全而丰满的思想。他体验到的是生命的苦难，表达出的却是存在的明朗和欢乐，他睿智的言辞照亮的是我们日益幽暗的内心。他的《病隙碎笔》作为2002年度中国文学最为重要的收获，一如既往地书写着生与死、残缺与爱情、苦难与信仰、写作与艺术等重大问题，并解答了“我”如何在场、如何活出意义来这些具有普遍性的精神难题。当多数作家在消费主义时代里放弃面对人的基本状况时，史铁生却居住在自己的内心世界，仍旧苦苦追索人之为人的价值和光辉，仍旧坚定地向存在的荒凉地带进发，坚定地与未明事物做斗争，这种勇气和执着深深地唤起了我们对自身所处境遇的警醒和关怀。

② 推荐阅读史铁生的相关作品。

《合欢树》《有关庙的回忆》，进一步体会史铁生对母亲的怀念。

《病隙碎笔》《命若琴弦》《我的遥远的清平湾》，进一步体会史铁生对人生的思考。

（4）像史铁生一样离去。

（出示文章《史铁生的坦荡辞世是一个示范》。）

师：一般人会怎么做呢？（一方面竭尽全力挽留生命，死后也要保留躯体的完整）

师：史铁生真正实践了淡然、平和，以至于有人宣称：“史铁生之后，谈生是奢侈的，谈死是矫情的。”

小结：命运折磨了“我”、塑造了“我”、成就了“我”。

四、课堂总结

师：周国平说过这样一句话："也许，没有浪漫气息的悲剧是我们最本质的悲剧，不具英雄色彩的勇气是我们最真实的勇气。在无可告慰的绝望中，我们咬牙挺住。我们挺立在那里，没有观众，没有证人，也没有期待，没有援军。我们不倒下，仅仅是因为我们不肯让自己倒下。我们以此维护了人的最高的也是最后的尊严——人在大自然面前的尊严。"

教学反思

本节课比较好地突出了学生的主体地位，符合课程标准的要求。我把较多的时间给了学生，让学生及时说出自己的所思所想，并适当地引导学生解决问题，我则更多地起到穿针引线的作用。整个教学过程气氛活跃，学生都很放得开。

多媒体资料的运用充分地激发了学生的情感，学生在这种情感的驱使下有了表达的欲望，灵感得到了激发，他们能在短时间内快速领悟，发现描写的技巧。但课堂容量有点大，时间稍显不足，因而最后我总结得有些不到位。

（所获奖项：三等奖）

专家点评

高中语文课程标准中指出，要使学生在阅读中体味大自然和人生的多姿多彩，激发热爱生活、珍爱自然的感情；与文本展开对话，领悟其丰富内涵，探讨人生价值和时代精神；通过阅读和思考，吸收中外古今优秀文化的营养，逐步形成自己的思想、行为准则，树立积极向上的人生理想。在该教案中，教师设置的教学内容比较丰富，确定的教学目标及教学重难点明确、恰当。课前，教师安排了学生预习，使学生在为学习新课做好准备的同时，提高了收集、处理信息的能力。教师利用互联网搜索与本课主题密切相关的资料，将其与教材内容结合，用于课堂教学，创设了比较生动、富有感染力的教学情境，有助于调动学生的学习积极性、加深学生对作者及其语言文字的理解，同时促进了学生对生命的理解和感悟。课堂教学伊始，教师以文坛名家韩少功对《我与地坛》的评价导入新课，激起学生的学习兴趣，继而引导学生研读课文，使学生在阅读、研讨的过程中感受到作者的情感变化，体会到作者的语言特色和表达方式。接下来，教师引领学生深入探究史铁生的一生，使学生通过对作者的认识加深对作品的理解，受到作者的人生观、价值观的感染和启迪，从而实现了教学目标。整个教学过程中，教师通过一系列问题推动学生的学习进程，使学生的主体作用得到了发挥。

精练、富有魅力的教学语言是提高教学质量的关键，语文教学中尤其如此。准确、流畅的教学语言不仅可以自然地把学生带入课堂学习中，而且会给学生提供良好的示范。建议教师在实际教学中对教学语言再多加斟酌。另外，高中生已经具备了较强的语言文字基础和自主学习能力，有些学生在课外可能已经了解了有关作者史铁生及其作品的信息，因此，教师可以进一步放手，给学生更多的表现空间，这对调动学生的学习积极性、锻炼学生的综合能力会更好。

（点评人：辽宁省沈阳市和平区教师进修学校　焦玉琨）

尊重生命，远离战争
——《我的呼吁》教案及评析

黄林芳[①]

教学背景

教学课时：1课时

教学准备：

1. 学生：阅读全文；上网查阅有关作者史怀哲的资料，初步了解作者；根据查阅的资料给史怀哲写一段颁奖词。

2. 教师：利用互联网搜索相关资料，制作多媒体课件。

教学目标

1. 提高现代文阅读基础能力——提炼中心，概括大意。

2. 了解不同类型的演讲词的特点。

3. 学会珍爱生命。

教材分析

《我的呼吁》是诺贝尔和平奖获得者，著名的神学家、哲学家、医生史怀哲博士在诺贝尔奖的授奖仪式上发表的一篇演讲。史怀哲从38岁起一直到他90岁与世长辞，都在生活条件极其艰苦的非洲从事医疗服务事业。他从亲身经历中领悟出自己独特的敬畏生命的思想，而他作为一名白人，甘愿放弃欧洲优裕的生活，去条件艰苦的非洲为当地人治病，几十年如一日的行为更是感动了无数的人。这位终生思索和爱的行动者自然而然地成了诺贝尔和平奖的获得者。史怀哲借授奖仪式的机会，向全人类阐述了他的敬畏生命伦理学思想。他首先开门见山提出自己的呼吁——全人类要重视尊重生命的

① 黄林芳，广西壮族自治区桂林市第五中学。

伦理，接着对这一伦理进行了具体阐释，然后对威胁人类生存的一些危险提出具体的解决方法，赋予尊重生命的伦理以现实的活力。本文逻辑严密，语言隽永，思想深刻，感染力强，是演讲词的名篇。

教学重难点

1. 概括文章的内容和结构。
2. 理解生命的伦理。
3. 学会珍爱生命。

教学方法

本课以教师引导为主，在师生互动的基础上让学生掌握知识、提升能力。

教学过程

一、关注时事

师：2008 年到 2010 年，我国发生了南方地区的冰冻雪灾、汶川地震、玉树地震、舟曲泥石流等重大灾害。从这一系列事件中，我们明白了生命的可贵，也看到了生命的坚强。而毒奶粉事件则警示我们：生命不可任意践踏。有一位法国的医生早就说过："人不能只为他自己而活，我们必须认知所有的生命都是珍贵的，而我们和所有的生命是结合在一起的。这种认知指引了我们心灵和宇宙的关系。"他用一生向全人类发出呼吁。他就是著名的神学家、哲学家、医生，20 世纪人道精神划时代的巨人——史怀哲。

二、介绍作者

1. 请一位学生朗读史怀哲获得诺贝尔和平奖时的颁奖词，同时出示史怀哲在非洲的一系列图片。

要点：他从小就是一个极富爱心的孩子。他聪明好学，多才多艺，年轻时不仅是神学和哲学的双科博士，而且还是一位享有盛名的管风琴演奏家和巴赫音乐的研究家。他立下并实践了"30 岁之前为研究科学和艺术而生活，30 岁之后献身服务于人群"的宏愿。他 38 岁获得医学博士后，携妻子远赴非洲，投入医疗服务工作，成为"丛林中的医生"。他的敬畏生命伦理学被誉为标志西方道德进步的一个里程碑。他是诺贝尔和平奖的获得者。

2. 请一位学生代表史怀哲发表获奖感言。(朗读课文)

(出示关于《我的呼吁》的资料。)

三、理解课文

1. 夯实基础，把握整体内容。

(1) 提问：作者呼吁的对象是谁？内容是什么？

明确：

针对全人类：选择互助，放弃歧视；

针对施行暴力的人：选择良善，放弃暴力；

针对国家的领袖们：选择和平，放弃战争。

(2) 提问：这些呼吁的核心内容是什么？

明确：重视尊重生命的伦理。

伦理指人与人相处的各种道德准则。

(3) 提问：为什么要重视尊重生命的伦理？

明确：现在人们把所有的生物分为有价值的与没有价值的、高等的与低等的，这导致人类对一些生物的随意破坏或伤害。

尊重一切有生存意志的生物（不仅是人类），会让我们进入另一种迥然不同的人生境界。所有的生命都无法被别的生命所代替，当一个人把植物和动物的生命看得与他的生命同样重要的时候，他才是一个真正有道德的人。

(4) 理解主旨。

朗读课文第一、第二自然段。

理解关键句：

“这种伦理否定这些分别，因为评判生物当中何者较有普遍妥当性所根据的标准，是以人类对于生物亲疏远近的观感为出发点的。”

“隐藏在欺瞒之后的暴行，正威胁着全世界，造成空前烦闷的气氛。”

“白人和有色人种必须以伦理的精神相处，始能达到真正的和解。”

“我们最愚昧的错误就是不肯认真去冒险为善。”

“我们正面临着两种冒险之间的选择。一种是继续毫无意义的原子武器竞赛……另一种是放弃原子武器……”

2. 方法指导。

概括文章的主要内容的方法：

(1) 注意文章说明的问题。

(2) 分析文章的标题。

(3) 关注文章的开头和结尾。

（4）借助文章的关键语句。

3. 重点掌握。

（1）演讲词的特点。

提问：《我的呼吁》是按照什么思路来演讲的？

明确：首先提出观点，呼吁全人类重视尊重生命的伦理；接着进行论证，指出怀善去恶是尊重生命伦理的人生境界；最后联系实际，强调目前迫切需要解决的三个问题。

是什么—为什么—怎么样（递进式）

（2）比较阅读。

提问：《我有一个梦想》与《我的呼吁》在演讲内容和形式上有哪些相似之处？

（出示关于马丁·路德·金的资料及其发表的演讲《我有一个梦想》。）

明确：

从内容上来看，《我有一个梦想》反对种族歧视，是针对美国黑人权益危机提出的；《我的呼吁》主张种族平等，是针对世界缺乏生命伦理提出的。《我有一个梦想》要求黑人进行创造性的斗争，即非暴力不合作的方法；《我的呼吁》呼吁尊重生命，反对战争。二者在主张种族平等与反对暴力方面是相似的。

从形式上来看，《我有一个梦想》题目有一种诗意和美感，多用排比句；《我的呼吁》直接"呼吁"，多用对比句。两者都起到了强烈的鼓动性的效果。

4. 思考生活。

师：史怀哲用充满激情的语言向我们发出呼吁，人和动物、植物一样，都是从属于大地和自然的，人不是自然和大地的主宰，而是它们的维护者，人应当学会诗意地栖居在大地上。可是，现在每天都有100多个物种从地球上消失，很多哺乳动物、鸟类、两栖类动物、无脊椎动物和植物正处在灭绝的边缘。人类正面临着暴行、疾病、战争的威胁，我们的世界还不太平，科索沃战争结束了，阿富汗战争结束了，伊拉克战争结束了，但是很多诱发战争的问题凸现出来，如朝鲜问题。让我们来看一些资料。

（出示人们猎杀野生动物、战争中死亡的士兵、"9·11恐怖袭击事件"等资料。）

提问：对此你有何感想？

明确：尊重生命，关爱生命。

列举学生中存在的不尊重自己和他人的生命的事例。

讨论：中学生应该如何珍爱生命？

四、课堂总结

师：生命如此美丽，让我们珍爱自己的生命，也珍爱自然中所有的生命，让我们一起来发出呼吁吧！

（播放歌曲《生命》。）

五、布置作业

以“珍爱生命”为题，写一篇500字左右的演讲词，在班会上演讲。

教学反思

《我的呼吁》是教材中的一篇自读课文，因此本课教学注重激发学生在学习中的主动性、实践性。这可以通过“学生自主预习—合作探究—教师点评”的思路来进行，让学生养成良好的语文学习习惯，并在积累与熏陶中逐步提高语文学习的感悟力、创造力。

（所获奖项：三等奖）

专家点评

该教案体现了以生为本的教学理念，重视发挥学生的主体作用，符合自读课教学要求。在教学准备中，教师请学生根据查阅的资料给史怀哲写一段颁奖词，这一任务比较有特色。教师由社会生活中的大事件导入新课，有助于学生理解本课的创作背景和主题。请学生根据预习情况朗读史怀哲获得诺贝尔和平奖时的颁奖词、代表史怀哲发表获奖感言，形式新颖，很容易激发学生的学习兴趣，同时有助于提高学生的语言表达能力和综合应用能力。教学过程中，教师通过一系列问题引发学生的思考，自然地推动学生的课堂学习进程。教师引领学生在自主、协作的过程中解决问题，使学生把握了作品的创作背景，理解作者的表达意图和表达方式，体会到作者尊重生命、关爱生命的思想感情，受到作者的激情的感染，进而获得情感上的升华。教师引导学生将《我有一个梦想》与《我的呼吁》进行对比，既丰富了课堂教学内容，又加深了学生对本课主题的理解。教师所选用的多媒体资料与本课主题结合紧密，应用时机比较恰当，有助于教学目标的达成。课上组织学生讨论“中学生应该如何珍爱生命”，课后要求学生以“珍爱生命”为题，写一篇500字左右的演讲词，都能够促进学生对生命的思考，进一步提升学生的语言表达能力和综合应用能力。

需要注意的是，本课教学中，教师虽然重视发挥学生的主体作用，设计的教学活动比较有创意，但是作为自读课文的教学，如果能在课前对学生进行充分指导的前提下，进一步放手将课堂交给学生，会更有利于调动学生的学习积极性，锻炼学生的综合应用能力。

（点评人：辽宁省沈阳市和平区教师进修学校　焦玉琨）

父亲的追求
——《台阶》教案及评析

杨忠真①

教学背景

教学课时：1课时

教学准备：

1. 学生：预习课文，了解课文内容，借助工具书解决生字词；收集有关农村贫困现状的资料。

2. 教师：收集有关农村贫困现状的资料，制作多媒体课件。

教学目标

1. 了解作者及其代表作品。

2. 抓住语言描写、动作描写、肖像描写、神态描写，分析父亲这一人物形象。

3. 品味文中有关环境描写的语句并分析其作用。

教材分析

《台阶》这篇小说刻画了一位普普通通的农民父亲的形象。他是一个非常要强的农民，有志气，不甘人后，希望受到别人尊重。他是一个有着长远生活目标的人，有愚公移山的精神和坚忍不拔的毅力。他是一个老实厚道的农民，他用诚实的劳动兴家立业，不怕千辛万苦。他是一个谦卑的人，当台阶造好后，他却不好意思坐上去。同时，父亲这一形象还告诉我们，农民创业之所以如此艰难困苦，根源在于经济落后。这篇小说深沉地响应着时代的呼唤——亿万农民的希望在于先进的生产力，以此迅速改变农村的落后面

① 杨忠真，山东省潍坊市临朐县第四中学。

貌，结束贫困的日子。

教学重难点

1. 把握故事的内容，分析父亲的形象。
2. 学习作者命题立意及组织材料的方法。
3. 解读小说的主题。

教学方法

《台阶》是一篇自读课文，难度不大，但篇幅较长，可探究的问题很多（主题、立意和写法均有可探究之处）。因此，我在充分分析教学内容、考虑学情特点的基础上，选择采用“自主学习—合作探究—精讲点拨—拓展延伸”的教学策略进行教学。在教学中抓住某一方面的问题进行预设，引导学生自主学习和合作探究，完成对文本内容的解读尤为重要。本课我主要从分析人物形象入手，引导学生探究细节描写对刻画父亲形象及表现文章主题的作用。在此基础上，引导学生抓住有关环境描写的句子，进一步品析环境描写对丰富人物形象、揭示作品意蕴的意义，并学习练写，以达到学以致用的目的。

教学过程

一、导入新课

师：有这样一位父亲，他的一生可能是贫穷的，贫穷得以至于我们不愿意在别人面前提起；他的一生可能是平凡的，平凡得以至于我们无法从人群中将他辨认出来；他的一生可能是有追求的，只是他的追求在我们看来是那样微不足道。然而，就是这样一位父亲，带给我们很多深切的感动，下面让我们一起走进李森祥的小说《台阶》，一起走近这位父亲。

【设计意图】激发学生的好奇心、求知欲。

二、作者、作品简介

学生介绍课前收集的资料。

【设计意图】由学生查找的资料入手，调动学生参与课堂的积极性，点燃学生的学习激情。

三、自主学习

快速默读课文，适当进行勾画和批注，在课文空白处写下自己独到的认识和独特的体验，然后独立完成下列各题。

1. 给下列加点字注音。

凹凼（　　）　门槛（　　）　涎（　　）水　揩（　　）　撬（　　）

嘎（　　）　筹（　　）划　黏（　　）　尴尬（　　）（　　）

2. 复述故事，讲清楚三个问题：父亲为什么要造一栋有高台阶的新屋？父亲是怎样造起一栋有高台阶的新屋的？新屋造好了，父亲怎么样了？

【设计意图】在阅读课文中，注意积累、巩固生字词。适当进行勾画和批注，在课文空白处写下自己独到的认识和体验，整体感知课文。

四、合作探究

跳读课文，小组内讨论。

1. 父亲是怎样的一个人？（结合课文中的具体语句分析）

明确：立下造屋目标，并为之付出长期艰辛的劳动——勤劳、顽强；建成新屋后的喜悦、局促、不自在——淳朴、善良、谦卑；为建成新屋累垮身体，不服老——倔强。

2. 找出有关环境描写的句子，并分析其作用。

【设计意图】认知“父亲”的形象，抓住语言描写、动作描写、肖像描写、神态描写，分析人物形象。

五、精讲点拨

“父亲”这一形象的典型意义是什么？作者对父亲寄予了怎样的思想感情？

明确：小说塑造了发展中的中国农村的一位农民的典型形象。他的血管里有我们民族拼命硬干、坚忍不拔的精神，他身上所具备的优秀品质代表了新旧交替时期中国农民的突出特征。同时，这一形象还告诉我们，农民创业之所以如此艰难困苦，根源在于经济落后。这篇小说深沉地响应着时代的呼唤——亿万农民的希望在于先进的生产力，以此迅速改变农村的落后面貌，结束贫困的日子。作者对父亲的优秀品质表示敬仰和赞叹，对父亲身上的中国传统农民所特有的谦卑表示同情，对改变农村的面貌寄予希望。

【设计意图】引导学生将课外材料引入课内，以加深自己对文章内容的理解和对文章情感的体验。

六、拓展延伸

“我说我父”活动：引导学生说说自己的父亲，介绍父亲的人生经历、生活故事，能体现父亲的追求、品格、做人原则，或是讲讲父亲对自己的关爱。要求：抓住父亲某个令你感动或难忘的特点，讲述清楚、生动，突出重点。

【设计意图】让学生联系生活实际及自身感悟解读课文，使语文获得生活化的理解和认识。

七、布置作业

寻找关于父亲的文章、诗歌，进行自主阅读。

（推荐书目：周国平《妞妞——一个父亲的札记》、苏童《父爱》、梁实秋《代沟》。）

【设计意图】鼓励学生进行课外阅读，拓宽知识面。

教学反思

本课我主要从写法入手，引导学生探究细节描写对刻画父亲形象及表现文章主题的作用。在此基础上，引导学生结合课内外实例，进一步品析细节描写对丰富人物形象、揭示作品意蕴的作用，并学习练写细节，达到学以致用的目的。从教学效果来看，学生研讨积极、热烈，很多学生对父亲的形象及作品的社会内涵的剖析已远远超出课前预设的范围，如在讨论父亲的做法是否值得时，一些学生谈到了农民的一般追求，他们在尽毕生的精力为城市居民解决温饱问题等，为解读作品的内涵做了很好的铺垫。但由于时间有限，对父亲形象的细节描绘剖析得不到位，最后拓展延伸环节的活动进行得也略显仓促。今后在教学时间的安排上我还需精心筹划。

（所获奖项：三等奖）

专家点评

语文单元教学的讲读课和自读课是一个有机整体。语文教材中增加自读课文，旨在培养学生的知识迁移能力，进而提高学生的自主学习能力。《台阶》这篇自读课文的内容相对比较简单，学生很容易理解。在本课教学中，教师安排学生进行了课前预习，为课堂学习做好了准备。课前提醒学生借助工具书解决生字词，课上安排学生快速默读课文，积累、巩固生字词，这类活动体现了教师对学生语文基础知识学习的重视。讲解课文时，教师从分析人物形象入手，引导学生自主探究、合作学习，体会细节描写对刻画父亲形象及表现文章主题的作用，在此基础上引导学生品析环境描写对丰富人物形象、强化作品主题的意义，有助于学生领悟作品的丰富内涵，加深对个人与社会、自然、国家关系的思考和认识。教师引领学生通过整体感知课文，适当进行勾画和批注，在课文空白处写下自己独到的认识和独特的体验并复述故事，引导学生结合课外材料组织语言，表达自己对文章内容的理解、对文章情感的体验，能够有效提升学生的语言表达能力和综合应用能力，使学生养成对语言、文学及文化现象独立思考、质疑探究的习惯，发展思维品质，增强思维的深刻性和批判性，符合课程标准要求和学生的学业水平。

高中语文课程标准中提到，应增进课程内容与社会发展、科技进步和学生成长的联系，引导学生积极参与实践活动，学习认识社会、认识自我。《台阶》一文刻画的虽然是农村人物形象，但反映的问题并不局限于农村。随着社会经济的发展，我国农村社会生活也已经发生了很大变化。本教案中，师生课前“收集有关农村贫困现状的资料”会不会过于局限？建议教师在实际教学中予以考虑。

（点评人：辽宁省沈阳市和平区教师进修学校　焦玉琨）

涵泳经典，神游赤壁
——《念奴娇·赤壁怀古》教案及评析

李　超①

教学背景

教学课时：2 课时

教学准备：

1. 学生：预习教材内容，理清生字词，熟读词作；搜索与本词相关的资料。

2. 教师：准备网络教室，利用互联网搜索相关资料，制作多媒体课件。

教学目标

1. 理解词作豪放的语言风格和借景抒情、借古抒怀的表现手法。

2. 学会运用网络资源、合作探究、讲解展演，提高鉴赏能力、综合分析能力和语言表达能力。

3. 通过体验苏轼非凡的艺术创造力和人格魅力，激发诵读古诗词的热情，自觉传承中华民族优秀文化，养成博采众长的良好习惯。

教材分析

宋词是中华文明的重要载体之一，底蕴深厚，魅力无穷。《念奴娇·赤壁怀古》开一代豪放词风之先河，是我国古典文学宝库中的珍奇瑰宝，被誉为“千古绝唱”。本词作者苏轼对中国文学影响深远，成就卓著，是极富人格魅力的传奇人物。本课能满足学生多层次、多方面地挖掘词作价值的需求，对学生将来从事旅游工作具有现实指导意义。

① 李超，广西壮族自治区桂林市职业教育中心学校。

教学重难点

1. 用心阅读，了解苏轼生平，准确理解词意，进行作品赏析。

2. 倾心感受，体悟作者的旷达情怀和词作的豪放意境；用心体会，大胆诵读词作。

教学方法

本课教学以词作文本为赏读对象，主要运用情境教学法和任务驱动教学法，创设模拟导游黄州赤壁的情境，将赏读分为“知作者，谈背景”“解文意，明结构”“辨主旨，析意境”“品语言，诵诗文”四项任务。学生根据不同的任务分成四个讲解小组合作探究，寻找相应景点，通过角色扮演进行讲解展演，最终完成词作赏读。

教学过程

一、激趣导入，明确任务

1. 激趣导入。

（播放电影《赤壁》片段。）

师：这是吴宇森导演的电影《赤壁》中的片段，影片中宏大的战争场面使我们对赤壁古战场充满了向往。北宋大词人苏轼曾游览赤壁，挥毫写下了一首《念奴娇·赤壁怀古》。我国有“文赤壁”和“武赤壁”之说，那么，他笔下的“赤壁”指的是哪里？那里如今的景色如何？为什么有人说一首词成就了一个地方？这究竟是一首怎样的词作，可以被誉为“千古绝唱”？同学们想不想一探究竟呢？现在，让我们一起“涵泳经典，神游赤壁”。

2. 理解词意。

师：何谓“涵泳”？

学生进行搜索、归纳：“涵泳”是我国传统语文学习的一种重要方法，古人把经典名篇当作水，读者如在其中游泳——沉浸其中，潜玩体味，也就是全身心投入文本境界，深入作品探究寻索：或默读静思，品味鉴赏，想象联想；或高声诵读，以声传情，因声会义。

3. 明确任务。

教师创设模拟导游黄州赤壁的情境，布置四项词作赏读探究、导游讲解任务。

任务一："知作者，谈背景"——阅读词作，收集有关作者及其词作的背景资料。

任务二："解文意，明结构"——通读词作，理清生字词，研究词作文本，分层释义。

任务三："辨主旨，析意境"——研读词作，收集古今对词作意义的探讨，阐述自己的观点，理解"人生如梦"的哲理含义。

任务四："品语言，诵诗文"——熟读词作，收集名家朗诵词作的视频和适合的配乐，讲述《念奴娇·赤壁怀古》的诵读方法，创作集体诵读作品。

二、合作探究

学生凭兴趣或能力寻找自己的学习伙伴，组成四个讲解小组。教师以人尽其才、优势互补为原则，对组员构成和人数进行合理调控。组员固定后，各组上网搜索黄州赤壁的相关资料，找寻探究任务与景点讲解的切合点。各组分别推荐一名学生担任讲解员，并共同推荐一名学生担任主持人。

三、小组展示

1. 主持人开场（简介黄州赤壁）。

（播放有关黄州赤壁的视频。）

2. 第一讲解小组——"知作者，谈背景"。

（选择黄州赤壁的苏轼立像展开讲解。）

苏轼立像

小组讲解员向"游客"介绍苏轼及其词作的背景资料。

景点介绍：同学们，进入黄州赤壁的正门乾坤阁，沿小路直上八卦桥，经锁春台，过蜂腰桥，到达泛舟池，这里正是当年苏轼泛舟作赋、酹江邀月之地。现在展现在我们正前方的是一尊高大的石像，这是全国第一座大型苏轼立像。我们可以看到苏轼面对大江长天，手握书卷，昂首远眺，衣髯飘逸，凝神伫立。

作者简介：苏轼（1037—1101），字子瞻，号东坡居士，眉州眉山（今四川省眉山市）人。与父苏洵、弟苏辙并称“三苏”。20岁中进士。曾任翰林学士、知制诰、礼部尚书等职，曾在凤翔、湖州、密州、杭州、扬州、定州等地任职，晚年被贬至惠州、儋州等地。大赦北还，病死于常州，葬于河南郏县，追谥“文忠”。在任地方官期间，他关心民众疾苦，做了许多利民的好事，深受民众拥戴。

写作背景介绍：北宋元丰三年（1080年），苏轼因“乌台诗案”受诬陷被贬至黄州任团练副使。在黄州期间，苏轼在城东之东坡开荒种田，自号东坡居士。他非常喜欢黄州，在《初到黄州》诗中说“长江绕郭知鱼美，好竹连山觉笋香”，苏轼在这方水土上再次成就了他辉煌的文学事业，在黄州创作近百首词。苏轼于1082年两次月夜泛舟于黄州赤壁下的江中，写出了著名的“一词二赋”，也就是《念奴娇·赤壁怀古》和《前赤壁赋》《后赤壁赋》。尤其是《念奴娇·赤壁怀古》被誉为“千古绝唱”，使更多的人到黄州赤壁来追寻历史的足迹，探寻词人苏轼的精神世界。

3. 第二讲解小组——“解文意，明结构”。

（选择坡仙亭展开讲解。）

坡仙亭

小组讲解员介绍坡仙亭、辨认苏轼草书、理清词作中的生字词、分层释义。

景点介绍：就像李白被后人称为“诗仙”一样，“坡仙”是人们对苏轼的美誉。在坡仙亭里，您可以看到左壁嵌有苏轼的《月梅》画的真迹石刻，画面中上弦月高高地悬挂在空中，月光下，梅枝如虬龙般伸展着，抒发了苏轼当时的心情；右壁有苏轼的《念奴娇·赤壁怀古》的手迹石刻，是苏轼醉后写的草书，笔势遒劲潇洒，起落圆转，宛如瀑布倾泻。我们一起来读一读。

（学生齐读词作。）

理清生字词：纶（guān）　尊，同“樽”　酹（lèi）

分层释义：

写景——“大江东去，浪淘尽，千古风流人物”“乱石穿空，惊涛拍岸，卷起千堆雪”“江山如画”都是写长江的景色——气贯长虹，雄伟壮丽，奔腾激荡。苏轼劈头一句，有气势。江，直接用一个“大”字来修饰，气势横空而来。

写人记事——“人道是，三国周郎赤壁”写周瑜；“遥想公瑾当年，小乔出嫁了，雄姿英发”，周瑜气宇轩昂，意气风发，正可谓是爱情、事业双丰收。“羽扇纶巾”，一身儒将装束；“谈笑间，樯橹灰飞烟灭”，豪放的雄姿中又有几分洒脱。一场历史上以少胜多，并决定三国鼎立局面、扭转乾坤的战役中，周瑜表现得如此从容不迫、洒脱自如。

抒情——对此景，念此人，忆此事，苏轼抒发了自己的感慨——“故国神游，多情应笑我，早生华发”，并“一尊还酹江月”，以酒祭奠江月，是苏轼在向江月倾诉他怀才不遇、壮志难酬的苦闷。

4. 第三讲解小组——“辨主旨，析意境”。

（选择面江临壁的酹江亭进行讲解，探究词作的意境。）

酹江亭

小组讲解员介绍酹江亭，小组成员围绕“人生如梦”组织小型辩论，分别阐述几种对词作的主旨和对意境的理解。

景点介绍：酹江亭，始建于宋代，原名酹月亭。我们现在看到的酹江亭是清同治七年（1868年）重修的，亭内嵌有历代名人的书画碑刻14块，以康熙皇帝临摹元代书法家赵孟頫的手书《前赤壁赋》和清人叶志诜的“一笔寿”最为知名。酹江亭面江临壁，取苏轼《念奴娇·赤壁怀古》中“一尊还酹江月”之意。

组员辩论：苏轼的“人生如梦”究竟是消极还是积极的体现？

师：同学们的讨论有理有据。互联网上对这首词有多种多样的见解，我们要结合自己的知识和经历去理解。我个人觉得，这首词具有感奋和感伤的双重色彩。苏轼并没有真的消极，他可能想，所有的风流人物都已经随着历史的河流东去，即使周瑜这样的人物不也被“浪淘尽”了吗？人生就如同梦境一般，不如意事十之八九，所以他特别洒脱，把酒洒在地上祭奠江月。

5. 第四讲解小组——“品语言，诵诗文”。

（选择黄州赤壁的最高处——栖霞楼进行讲解。）

栖霞楼

小组讲解员介绍栖霞楼、讲解诵读要领、播放名家诵读音频，全班配乐诵读。

景点介绍：我们眼前的这座楼就是位于黄州赤壁最高处的栖霞楼，它是北宋黄州四大名楼之一，苏轼赞其为“郡中胜绝”。楼高四层，因其背山面江，日落时晚霞染红大江，映照楼身，如霞归栖，故名栖霞楼。现有建筑为1984年仿宋代建筑样式复原重建的三层楼阁，重檐叠角，流丹飞碧，辉煌瑰丽，是赤壁风景区内的重要景点。正面匾额“栖霞楼”三字，矫健腾舞，极为夺目，为茅盾先生手书。北宋时，流传这样一句话——“不登栖霞楼，枉到赤壁游”。

诵读要领：“意明于先而融于情”“情动于衷而达于声”“声显于外而应

于意”。

（播放名家诵读《念奴娇·赤壁怀古》音频。）

全班配乐诵读。

6. 主持人结束语。

四、课堂总结

师：“涵泳经典，神游赤壁”，我们在各小组讲解员的带领下领略了黄州赤壁的绝美风景，也了解了心胸豁达、把酒临风的苏东坡。希望同学们能善于利用网络学习我国传统文学，反复欣赏、诵读、体会传统文学的优美语言，陶冶情操，温润心灵，启迪思想。

教学反思

本课以学生自主活动为主，以任务为目标和驱动，创设学习情境，提供学习平台，让学生带着真实的任务进行学习，充分调动了每个学生的主动性和积极性，使学生学习了丰富的知识，锻炼了多方面的能力。学生经历了自行设计探究方案、多渠道收集资料、运用已有知识解决问题的过程，学会了合理选择、整理、归纳信息，形成资源共享，提高了综合分析能力，增强了团队合作精神。学生带着探究成果进行模拟讲解，体味到祖国山川的壮美、人物胸襟的旷达，受到了美的熏陶，学会以积极向上的态度面对人生，体验了成功的喜悦。

本课打破了传统教学模式，运用开放式网络教学，引入在活动中促发展的教学理念，给学生以自主学习的时间和空间，让学生体悟赏读诗词的方法，自觉传承中华民族优秀传统文化，在语文学习中涵泳中华经典诗词，神游祖国大好河山。

但是课程在实施的过程中仍然有一些缺憾，给予学生的网络搜索和讲解展演的时间有限，对于词作的精华学生未能完全体味。此外，互联网搜索让学生产生了太多想表述的独特意见和见解，在今后的教学中需要进一步提供让学生展示的机会。

希望本课教学能点燃学生学习古典诗词的热情，希望学生能利用互联网更好地学习语文和其他学科，也能对他们今后的职业生涯有所帮助。我所能做的就是进行积极、正确的引导，希望他们善于运用网络信息，使自己的人生更精彩！

（所获奖项：三等奖）

专家点评

该教案结构完整，思路清晰，教师设计的教学目标符合学生的学业水平特点和导游专业学生的发展需求。课堂教学内容不局限于《念奴娇·赤壁怀古》这首词，而是根据导游专业的特点，融合了相关景点的介绍。教师通过互联网搜索与本课主题相关的教学资料，与教材内容相结合，针对导游专业特色和学生发展需要，确定模拟导游讲解的授课模式，比较有特色。整个教学设计以学生活动为主，教师主要承担组织者、指导者的角色，运用情境教学法和任务驱动教学法引领学生学习，使每个学生都能参与到课堂学习过程中，有助于激发学生的学习兴趣，调动学生的学习积极性，加深学生对所学内容的理解，符合高中语文课程标准的要求。

课上，教师引导学生经历了“自主设计探究方案—多渠道收集资料—通过合作研究解决问题”的过程，提高了学生合理选择信息、整理归纳信息和综合运用信息的能力，对于学生正确应用网络也起到了促进作用。分小组活动学习，既能够提高学生的交流与表达能力，又能够增强学生的团队合作意识。教师指导学生将词作内容与有关景区的多媒体资料相结合，模拟导游，使学生既掌握了语文基础知识、提高了运用语言文字的能力，受到诗词美和环境美的熏陶，又提高了学生在导游方面的专业素质。

需要注意的是，本课教学虽然突出了学生的专业特点，对学生语文综合应用能力和导游专业素质的提升能够起到促进作用，但有关旅游的内容偏多，虽然开阔了学生的视野，但从课程本身来说，似乎有些喧宾夺主，会影响学生对词作本身的深层感悟和理解，建议教师在实际教学中予以考虑。

（点评人：辽宁省沈阳市和平区教师进修学校　焦玉琨）

用坚强驱散生命的黑暗
——《假如给我三天光明（节选）》教案及评析

吴艳辉[①]

教学背景

教学课时：1课时

教学准备：

1. 学生：搜索作者海伦·凯勒的相关资料；自读课文，思考问题：海伦·凯勒是怎样安排假想的三天光明的生活的？她为什么会做出这样的安排？

2. 教师：利用互联网搜索相关资料，制作多媒体课件。

教学目标

1. 学会多角度地观察生活，丰富情感体验，对自然、社会和人生有自己的感受和思考。

2. 研习文本，激发热爱生活的感情，培养珍爱生命的意识。

3. 学习通过心理描写表现人物思想情感的手法。

教材分析

生命本身就是一种价值，珍爱生命就是在保护、创造着价值。珍爱生命，既是爱自己，也是爱家人，更是对人类、对社会担负的责任。在《假如给我三天光明（节选）》中，海伦·凯勒虽然双目失明，但她不断丰富对生活的认识，这种热爱生活、热爱生命的人生态度值得学生学习。我们每一个健全人更应该设计自己的人生道路，走出属于自己的精彩人生。

---

① 吴艳辉，江苏省连云港市海州高级中学。

教学重难点

1. 品析本文丰富细腻的心理描写。
2. 品析名言警句中所蕴含的人生哲理。
3. 培养热爱生活、珍惜生命的人生态度。

教学方法

本课采用合作探究法、精讲点拨法、讨论法、比较阅读法。

教学过程

一、导入新课

1. 电影导入。

（播放电影《天堂的颜色》的片段，出示关于电影《天堂的颜色》的资料。）

师：虽然看不见世界，但相信它是天堂般的世界，这就是故事中盲童的坚定信念。今天我们将要学习另一位坚强者的故事——海伦·凯勒的《假如给我三天光明（节选）》。

2. 介绍作者的生平事迹。

（出示关于海伦·凯勒的资料。）

海伦·凯勒

二、整体感知

结合预习思考：海伦·凯勒是怎样安排假想的三天光明的生活的？她为什么会做出这样的安排？

（出示表格。）

天数	时间	安排	原因
第一天	白天	看望梅西太太，约朋友来家里，森林远足，看落日	重视亲情
	夜晚	回忆这一天	
第二天	白天	参观纽约自然博物馆和首都艺术博物馆	关注人类的物质生活和精神生活
	夜晚	观看戏剧表演	
第三天	白天	游览纽约城，看日常人的生活和世界	关心世人生活
	夜晚	看喜剧	

小结：三天的活动，虽是想象的，却真实地表现了作者的内心世界。作者对周围的人怀着极其真挚的友爱，希望能看到表现他们内心美的外部特征，这说明她是何等善良；她希望看到地球和它的居民的简要历史，还希望看到人类精神的千姿百态，这又显示了她积极进取的精神；她关心日常世界，希望看到现实生活中的许多场面，把别人的欢乐和痛苦当成自己的欢乐和痛苦，这又表现了她的博爱精神以及跟外部世界交流的强烈愿望。三天想象的生活是作者精神世界和人格的写照。

三、文本研习

文中有哪些地方感动了你？找出你喜欢的句子或段落，谈谈自己的看法。

学生自由发表自己的见解，不必求全；教师重在精神层次的引领。

四、比较阅读

比较《盲人看》和《假如给我三天光明（节选）》在内容表达上的异同。

（出示文章《盲人看》。）

盲人看

毕淑敏

每逢放学的时候，附近的那所小学，就有稠厚的人群，糊在铁门前，好似风暴前的蚁穴。那是家长等着接各自的孩子回家。

在远离人群的地方，有个人，倚着毛白杨，悄无声息地站着，从不张望校门口。直到有一个孩子飞快地跑过来，拉着他说："爸，咱们回家。"他把左手交给孩子，右手拄起盲杖，一同横穿马路。

多年前，这盲人常蹲在路边，用二胡奏很哀伤的曲调。他技艺不好，琴也质劣，音符断断续续地抽噎，听了只想快快远离。他面前盛着零碎钱的破罐头盒，永远看得到锈蚀的罐底。我偶尔放一点儿钱进去，也是堵着耳朵近前。

后来，他摆了个小摊子，卖点儿手绢、袜子什么的，生意很淡。一天晚上，我回家一下公共汽车，黑寂就包抄过来。原来这一片停电，连路灯都灭了。只有电线杆旁一束光柱如食指捅破星天。靠拢才见是那盲人打了手电，在卖蜡烛、火柴，价钱很便宜。我赶紧买了一份，喜洋洋地觉得带回光明给亲人。

之后的某个白日，我又在路旁看到盲人，就气呼呼地走过去，说："你也不能趁着停电发这种不义之财啊！那天你卖的蜡烛，算什么货色啊？蜡烛油四下流，烫了我的手。烛捻一点儿也不亮，小得像个萤火虫。"他愣愣地把塌陷的眼窝对着我，半天才说："对不起，我……不知道……蜡烛的光……该有多大，萤火虫……是多亮。那天听说停电，就赶紧批了蜡烛来卖。我知道……黑了，难受。"

我呆住了。那个漆黑的夜晚，即使烛光如豆，还是比完全的黑暗好了不知多少。一个盲人，在为明眼人操劳，我还不分青红皂白地指责他，我好悔。

后来，我很长时间没有到他的摊子买东西。确信他把我的声音忘掉之后，有一天，我买了一堆杂物，然后放下了50元，对盲人说："不必找了。"我抱着那些东西，没走几步，被他叫住了："大姐，你给我的是多少钱啊？"我说："是50元。"他说："我从来没拿过这么大的票子。"见他先是平着指肚，后是立起掌根，反复摩挲钞票的正反面，我说："这钱是真的。你放心。"他笑笑说："我从来没收过假钱。谁要是欺负一个瞎子，他的心就先瞎了。我只是不能收您这么多的钱，我是在做买卖啊。"我知道自己又一次错了。

不知他在哪里学了按摩，经济上渐渐有了起色，从乡下找了一个盲姑娘，成了亲。一天，我到公园去，忽然看到他们夫妻相跟着，沿着花径在走。四周湖光山色美若仙境，我想，这对他们来讲，真是一种残酷。闪过他们身旁的时候，听到盲夫有些炫耀地问："怎么样？我领你来这儿，景色不错吧？好好看看吧！"盲妻不服气地说："好像你看过似的。"盲夫很肯定地说："我看过。常来看的。"听一个盲人连连响亮地说出"看"这个词，叫人顿生悲凉，也觉出一些滑稽。盲夫说："别人用眼看，咱可以用心看、用耳朵看、用手看、用鼻子看……加起来一点儿不比别人少啊！"他说着，用手捉了妻子的手指，沿着粗糙的树皮攀上去，停在一片极小的叶子上，说：

“你看到了吗？多老的树，芽子也是嫩的。”

那一瞬，我凛然一惊。世上有很多东西，看了如同未看，我们眼在神不在。记住并未真正懂得的东西，必得被心房茧住啊。

后来盲夫妇有了果实，一个瞳仁亮如秋水的男孩。他渐渐长大，上了小学，盲人便天天接送。起初那孩子躲在盲人背后，跟着盲人走。慢慢胆子壮了，绿灯一亮，就跳着要越过去。父亲总是死死拽住他，用盲杖戳着柏油路说：“让我再听听，近处没有车轮声，我们才可以动……”终有一天，孩子对父亲讲：“爸，我给你带路吧。”他拉起父亲，东张西望，然后一蹦一跳地越过地上的斑马线。于是盲人第一次提起他的盲杖，跟着目光如炬的孩子，无所顾忌地前行，脚步抬得很高，轻捷如飞。

孩子越来越大了。当明眼人都不再接送这么高的孩子时，盲人依旧每天倚在校旁的杨树下，等待着。

（有删改）

1. 相同点：珍爱生命。

（1）体现了对亲情的珍爱之情。

《盲人看》：盲人接送孩子。

《假如给我三天光明（节选）》：看望亲友。

（2）体现了对生命的珍爱，内心充满了光明和希望。

《盲人看》：盲人领盲妻去公园“欣赏”美景。

《假如给我三天光明（节选）》：到森林里进行一次远足。

（3）体现了博爱的襟怀、美好的心灵、善良的天性。

《盲人看》：停电后，盲人卖蜡烛。

《假如给我三天光明（节选）》：对于欢乐和悲哀，“我”总是睁大眼睛去关心。

2. 不同点：两位作者的情感及提出的角度不同。

《盲人看》：毕淑敏是从健全人的角度，对健全人提出劝告，同时也含蓄地表达了自责之情。

《假如给我三天光明（节选）》：海伦·凯勒作为一名严重残疾的人，以自己的设想证明拥有光明的幸福，并劝告人们珍惜自己拥有的这份幸福、珍惜光明。

五、拓展延伸

你知道哪些人和海伦·凯勒一样身残志坚？

1. 贝多芬（1770—1827）。

（出示关于贝多芬的资料。）

德国伟大的作曲家，26岁时听觉衰退，35岁时完全耳聋……

世界不给他欢乐，他却创造了欢乐给世界。

2. 阿炳（1893—1950）。

（出示关于阿炳的资料。）

原名华彦钧，35岁双目失明……二胡作品《二泉映月》获得20世纪华人经典音乐作品奖。

3. 张海迪（1955— ）。

（出示关于张海迪的资料。）

5岁时因患脊髓疾病而高位截瘫……自学掌握了英语、日语、德语和世界语，成为当代知名作家、翻译家。

4. 奥斯特洛夫斯基（1904—1936）。

（出示关于奥斯特洛夫斯基的资料。）

苏联作家，25岁全身瘫痪，双目失明，以顽强的意志创作了长篇小说《钢铁是怎样炼成的》。

5. 富兰克林·罗斯福（1882—1945）。

（出示关于富兰克林·罗斯福的资料。）

美国政治家，41岁时因患脊髓灰质炎症而下肢瘫痪……1932年当选美国总统，是美国历史上唯一蝉联四届的总统。

6. 斯蒂芬·威廉·霍金（1942— ）。

（出示关于斯蒂芬·威廉·霍金的资料。）

曾先后毕业于牛津大学和剑桥大学，并获剑桥大学博士学位。在大学学习后期，因患病而半身不遂。1978年获世界理论物理研究的最高奖——爱因斯坦奖，1988年获沃尔夫物理学奖。1985年，霍金丧失语言能力，表达思想的唯一工具是一台电脑声音合成器。他用仅能活动的几个手指操控一个特制的鼠标，在电脑屏幕上选择字母、单词来造句，然后通过电脑播放声音，通常造一个句子要花五六分钟，为了“撰写”一个小时的录音演讲要准备10天……1988年写成科普著作《时间简史》，这本书被译成几十种文字，至1995年该书的发行量已超过2500万册，并且还在继续再版中，创造了科学著作成为畅销书的奇迹。

7. 邰丽华（1976— ）。

（出示关于邰丽华的资料。）

两岁时失聪。1992年10月，作为唯一一位残疾人舞蹈家登上意大利斯卡拉大剧院的舞台。2000年，在纽约卡内基音乐厅演出。荣获全国残疾人艺术会演一等奖、“奋发文明进步奖”个人文艺奖，现任中国特殊艺术协会副主席。

六、课堂总结

失聪的贝多芬扼住命运的咽喉，奏出了与命运抗争的最强音。失去光明的阿炳用《二泉映月》为我们描绘了一个凄婉哀怨的世界，也让我们感受到了命运的残酷和抗争的力量。而在《假如给我三天光明（节选）》中，海伦·凯勒并没有向我们展示命运的多舛，而让我们更多地感受到了她的热切、坦诚和真挚。在与残疾的斗争中，她表现出了坚强不屈和积极乐观的精神；在朴素的话语中，她流露出了对世人强烈的爱和热切的希望。尽管作者受尽了命运的折磨，但她给我们的仍然是一颗火热的心、一颗关爱世界的心。海伦·凯勒在本文中袒露的心迹，鼓舞我们去珍惜生命、热爱生活。

教学反思

教师不仅要教给学生知识，更重要的是给学生提供精神食粮。这一课最大的收获应该是海伦·凯勒的经历和成就带给学生内心的触动。如果我们从健全人的角度去看海伦·凯勒的话，更多的是同情，但海伦·凯勒给我们的不仅仅是这些。她对生命的热爱和积极的生活态度让我们明白了不仅要珍惜光明，还要反思自己的人生价值。我们除了健康地活着，还有很多事情可以做。海伦·凯勒用她的经历给了我们一些启示。

为了让学生有深刻的体验，我让学生反复研读部分段落，体会海伦·凯勒丰富而细腻的内心。海伦·凯勒不是用眼睛看世界，而是用心去感受世界。海伦·凯勒虽然眼盲，但是心不盲。

在拓展延伸环节，我给学生出示了一组身残志坚的名人资料，这一个个耳熟能详的名字后面都有一段艰苦的奋斗史，他们的名字在历史上闪耀着熠熠的光辉。

当下课铃响起的时候，学生没有像往日那样嬉笑与喧闹，我想海伦·凯勒已经走进了他们的心里。

（所获奖项：三等奖）

专家点评

高中生对海伦·凯勒并不陌生，对《假如给我三天光明》也可能有所了解。对学生来说，本课内容看似简单，实际上要领会其深层意蕴，却并不容易。课前，教师安排学生进行了预习，让学生在了解作者、熟悉课文的同时思考问题，为新课学习做好准备。教学过程中，教师引领学生学习有关作者生平的常识，使学生了解到作品的创作背景，有助于学生理解作品主题；请学生结合预习思考问题，整体感知课文，以表格形式展示作者对假想的三天光明的生活的安排，有助于学生把握作品结构；请学生找出自己喜欢的句子或段落，谈谈自己的看法，自由发表见解，体现了教师对学生主体地位的尊重和对学生思维的引领。选取《盲人看》这篇文章与《假如给我三天光明（节选）》进行对比，比较有特色，既拓展了学生的阅读面，又能够促进学生对残障人士的理解，同时能够使学生学会鉴赏文学作品，深刻感受人物形象，体会作品的语言魅力，领悟作品的丰富内涵，获得丰富的情感体验，受到精神上的感染和启迪。教师所创设的教学情境轻松、平和，在教师的引领下，学生的阅读能力自然地得到提升，同时充实了精神生活，提升了人生境界，实现了教学目标。

需要注意的是，导入内容应该与课堂教学内容紧密联系、自然衔接，还应该切合学生实际，即注意到学生的知识基础、生活阅历、心理特征、思维特点等，以便于学生理解课文内容，调动学习的积极性和主动性，从而提高学习效率。本课教学中，教师选用电影《天堂的颜色》导入，虽然内容与本课主题相关，但是学生对这部电影是否了解？如果学生不了解这部电影，那么这样的导入效果是否理想？建议教师在实际教学中予以考虑。

（点评人：辽宁省沈阳市和平区教师进修学校　焦玉琨）

写美景，抒真情
——《荷塘月色》教案及评析

张宝国[1]

教学背景

教学课时：2 课时

教学准备：

1. 学生：初读课文，了解课文大意；诵读文章，初步掌握朗读散文的技巧；初步探究课文中所描写的景物的特点以及写景状物的手法与角度；提出自主学习中遇到的问题。

2. 教师：利用互联网搜索《荷塘月色》的相关资料，如朱自清的简介和图片、课文的朗读录音等，制作多媒体课件。

教学目标

1. 学会正确、流利、有感情地诵读课文。
2. 掌握课文的写作脉络。
3. 掌握课文中所描写的景物的特点以及写景状物的手法与角度。
4. 体会并鉴赏写景状物类散文的意境美，探究作者的情感变化轨迹。
5. 能够准确运用各种手法写景状物，实现作品的多元解读和创新阅读。
6. 提高语言表达能力、写作能力以及对美的感受能力。

教材分析

作者朱自清在《荷塘月色》这篇文章中主要描写了荷塘和月色的美景，抒发了心中“颇不宁静—独处求静—空虚与失落—惦着江南”的情感，表达了不满现实、渴望自由、追求超脱又无法超脱的心境。通过本课的学习，学

① 张宝国，山东省青州第三中学。

生能够充分感受作品的意境美、环境美、细节美等，从而提高对美的感悟能力，并能掌握从描写的景物中体会文字背后的情感这种方法，同时学会通过描写具体事物来寄寓情感。

教学重难点

体会并鉴赏写景状物类散文的意境美，探究作者的情感变化轨迹。

教学方法

这篇课文语言优美，为了突出教学重点，在教学中我以诵读贯穿全文，采用了快速阅读、默读、精读、分段落阅读、有感情阅读等方法，让学生经历了自读—学读—练读—美读的提高过程。学生在阅读过程中，品味课文优美的语言，体会作者表达的情感，树立正确的情感、态度和价值观。学生都积极踊跃地参与分角色朗读，学习气氛活跃，收到了预期的教学效果。

文章的重点部分是月下的荷塘、荷塘中的月色以及荷塘周围的环境描写。理解这一部分是本文教学的难点。我采用出示图片和播放视频的方法，使学生直观、形象地理解了课文内容，同时让学生对写作角度和手法进行合作探究，加上我的精讲点拨，教学难点迎刃而解。

教学过程

第 1 课时

一、导入新课

（出示作者朱自清的照片，简单介绍作者。）

师：你还记得朱自清的散文《背影》吗？你能总结出他的散文有些什么样的特点吗？

师：我们学习能体现朱自清散文清隽沉郁、语言洗练、文笔清丽的特点的另一名篇《荷塘月色》。

（板书课题，交代学习任务。）

朱自清

二、检查预习

师：课文的主要内容是什么？可以分为几部分？每一部分的大意是什么？

（播放朗读与赏析《荷塘月色》的视频。）

三、细读课文

1. 学习第1自然段。

（1）自由朗读并思考：这一自然段的主要内容是什么？

（2）奠定全文感情基调的是哪句话？

（3）指导学生有感情地朗读这一自然段，体会作者营造出的孤寂氛围和文字中流露出的淡淡哀愁。（板书：心里颇不宁静）

2. 学习第2、3自然段。

（1）学生诵读。

（2）学生概括第2、3自然段的内容。

（3）学生合作探究：第2自然段描写了哪些景色？烘托了作者什么样的情感？

（4）学生默读第2、3自然段，画出与作者心情有关的词句，体会文字背后隐藏的情感。

（5）检查学生画出的词句，如“淡淡的”“我也像超出了平常的自己，到了另一世界里”“便觉是个自由的人”“白天里一定要做的事，一定要说的话，现在都可不理”“这是独处的妙处”。（板书：独处求静）

3. 阅读第4自然段。

（1）仔细阅读第4自然段，分析这一自然段的写作角度，体会作者营造的氛围。

（板书：荷叶—荷花—荷香—荷叶和花的动态—叶底流水。）

（2）画出采用比喻和拟人手法的句子，分析这些修辞手法的作用。

分析句子：正如一粒粒的明珠，又如碧天里的星星，又如刚出浴的美人。

（出示荷塘月色的图片。）

（3）出示博喻的定义以及例句，让学生仿写句子并展示。

（4）“微风过处，送来缕缕清香，仿佛远处高楼上渺茫的歌声似的。”这一句与一般的比喻句有什么不同？其中蕴含了几种感官感觉？

出示通感的定义以及例句，让学生找出课文中运用通感的其他句子并分析。

4.. 学习第5自然段。

（1）作者写月色时用了哪些动词？有什么作用和好处？

（板书：泻、浮、洗、笼、照、落、画。）

（2）这一自然段是分几个层次写的？

5. 学习第 6 自然段。

(1) 这一自然段主要写了什么内容？是从哪几个角度来写的？

(2) 作者的心情怎么样？

(3) 尝试完成下面的表格。

段落	段意概要	描写的景物	特点	表现手法
第 4 自然段				
第 5 自然段				
第 6 自然段				

四、课堂练习

1. 运用通感手法，写一个句子。

2. 根据课文内容填空。

月光如流水一般，静静地（　　）在这一片叶子和花上。薄薄的青雾（　　）起在荷塘里。叶子和花仿佛在牛乳中（　　）过一样；又像（　　）着轻纱的梦。虽然是满月，天上却有一层淡淡的云，所以不能朗照；但我以为这恰是到了好处——酣睡固不可少，小睡也别有风味的。月光是隔了树（　　）过来的，高处丛生的灌木，（　　）下参差的斑驳的黑影，峭楞楞如鬼一般；弯弯的杨柳的稀疏的倩影，却又像是（　　）在荷叶上。塘中的月色并不均匀；但光与影有着和谐的旋律，如梵婀玲上奏着的名曲。

五、课堂总结

引导学生概括课文的语言特点及营造的氛围。

六、布置作业

1. 背诵第 4、5、6 自然段。

2. 完成导学案上的练习题。

第 2 课时

一、有感情地朗读课文

二、教授课文的剩余部分

1. 播放歌曲《采莲曲》，陶冶学生的情操，让学生感受采莲之美。

2. 出示朱自清的另外两篇散文——《春》《桨声灯影里的秦淮河》，让学生进一步把握朱自清的写作风格。

三、课堂练习

四、布置作业

1. 有感情地朗读课文。

2. 自己选一处景物，从不同的角度进行描写，要求运用两种以上的修辞手法。

3. 完成课后练习题。

教学反思

《荷塘月色》是一篇优美的写景散文，作者主要通过景物描写表达了一种渴望超脱现实的理想。从一定的层面上说，朱自清笔下的荷塘就像陶渊明笔下的桃花源一样，是一个可以让人获得自由的所在。我把教学重点放在品析荷塘月色的景物描写上，引领学生探讨分析作者是如何营造这种如梦如诗的艺术境界的，同时训练学生的写作能力，提高学生的审美能力。上课时，我把课堂交给学生，让学生自主学习、合作探究，然后我进行点拨和总结，提高了学生参与学习的积极性。在领略文字的美之后，我向学生出示了相关的多媒体资料，让学生将文字和自然美景相印证，更加热爱美好事物、热爱生活。我把教学重点放在第1课时，所以相对而言，第1课时任务重，学习节奏较快，给学生反思的时间较少。第2课时的内容，学生比较喜欢，时间也比较宽裕，可以让学生回顾并巩固学过的内容，从而真正掌握学过的内容。

在教学中，我需要注意以下几点。

1. 合理安排教学内容，使之符合学生的学习节奏和学习规律。

2. 创新教学方式，引导学生积极参与学习活动，充分调动学生的学习积极性。

3. 组织学生合作探究，进一步拓宽学生的视野，使语文学习成为提高学生素质和能力的一个发力点。

4. 任务分配到位，让学生明确学习任务和目标，我对学生的学习成果要有有效的反馈。

通过这堂课我发现，在学生合作探究方面，我还要加强训练，同时我要进一步提高学生的课堂学习效率，让学生在学习中提高各方面的能力。

（所获奖项：三等奖）

专家点评

在教案中，教师既重视了学生语文基础知识的学习，又重视了学生综合应用能力的发展。课前，教师安排学生进行了预习，引导学生在初读课文、了解课文大意的基础上，初步探究课文中景物描写的特点，为学习新课做好准备。上课伊始，教师通过学生学过的作者朱自清的另一部作品《背影》导入新课，既引领学生回顾了旧知，又加深了学生对作者及其作品的印象。教师在引领学生总结朱自清的散文作品的特点后，向学生交代了学习任务，使学生在明确了学习目标的情况下进行学习，有助于提高课堂学习效率。

第 1 课时中，教师把教学重点放在学生的语文基础知识的学习和语言感受能力的提升上。教师指导学生通过朗读和默读等不同方式读课文，使学生在读中体会作者营造的意境，继而通过一系列问题引领学生学习作者的描写顺序、写月色时用的不同动词的作用以及作者所用的修辞方法，使学生感受到作者的语言特色以及用语言表达情感的方法。教师引领学生将作品中的景物描写与作品的写作背景相结合，探讨、分析作者如何营造了如梦如诗的艺术境界，感受作者表达的意境。第 2 课时中，教师重点指导学生巩固所学内容，并进行写作练习，提高了学生的应用能力。在第 1 课时的教学基础上，教师进行了拓展，扩大了学生的阅读面，加深了学生对作者语言风格的体会。整个教学过程中，教师在一定程度上把课堂还给了学生，引领学生进行自主学习与合作学习，调动了学生参与课堂学习的积极性。

此外，教师需要注意，两个课时内容的安排上一紧一松：第 1 课时内容比较丰富，主题突出；第 2 课时的内容略显松散。如果能够适当调整，教学效果会更好。

（点评人：辽宁省沈阳市和平区教师进修学校　焦玉琨）

不能淡忘的鲁迅精神
——《灯下漫笔（节选）》教案及评析

张小波①

教学背景

教学课时：3 课时

教学准备：

1. 学生：上网收集有关鲁迅先生的精神品质的资料；初读课文，自学生字词，读准生字的读音，了解课文大意。

2. 教师：利用互联网搜索相关资料，制作多媒体课件。

教学目标

1. 理解鲁迅先生对国民奴性的深刻认识和对中国社会历史的深刻解剖。

2. 品味文章中含义丰富的语句，学习作者披情入理、情理交融的表达艺术。

3. 学习鲁迅先生敢于直面现实、关心民族的前途和命运、以天下为己任的强烈的爱国主义精神。

教材分析

《灯下漫笔》是一篇既有深刻思想又饱蘸激愤之情的奇文，鲁迅通过对中国历史的深入解剖，表达了对封建专制主义的憎恨和对国民奴性的批判。深刻的思想来自深入的思考，同时也离不开广博的知识的支持和印证；广博的知识也必须有深邃的思想的观照，才能熠熠生辉。作为说理散文，“理”固然是灵魂，而“情”则是血脉，本文激情饱满，情理交融，语言有力。本课的成功教学，可以提高学生深入观察、思考生活的能力，提高学生的道德修养、思维品质和文化品位，发展学生的健康个性，促使学生形成健全的人

① 张小波，贵州省铜仁市沿河土家族自治县官舟中学。

格。鲁迅作品独特的风格，给大多数高中生的阅读理解留下了一道道障碍（思想的、思路的、语言的），鉴于此，本课重在引导学生理解文本内容，从而更好地体悟文中深刻的思想和丰富的感情，尤其是作者强烈的爱国主义情感。

教学重难点

1. 体会作者在冷静的理性分析中包含的强烈的思想感情。

2. 学习披情入理、情理交融的表达艺术。

3. 理解作者对中国社会历史的概括——“一治一乱”：想做奴隶而不得的时代；暂时做稳了奴隶的时代。

4. 理解“人的价格”和“第三样时代”的内涵。

教学方法

本课我以“学生为主体、教师为主导”的教学理念指导课堂教学，将学习的主动权交给学生。讨论的问题一部分由我设计，这些问题是围绕教学目标来设定的；另一些问题由学生阅读后提出，学生的问题可能是散乱的，但只要有思考价值，就应当让学生展开讨论。在讨论中，应当激励学生各抒己见，鼓励学生有所质疑、有所发现、有所突破，关键是思想要“动”起来，要持之有据、言之有理。

在课堂中，教师是合作者、引导者和组织者。教师应当使课堂充实、活跃、有序、有趣。为了训练学生自主、合作、探究的学习能力，我将学生分成若干小组，小组内部和小组之间可以互相质疑、互相问难、互相交流。讨论重在过程，对某些开放性问题应当鼓励学生发表独立见解。在本课教学中，要让学生培养这样的习惯：快速通览全文，宏观把握，抓主旨，理思路；仔细品味揣摩，微观考量；发现问题，勇于思考；在具体语境中理解语句。

教学过程

第1课时

一、情境激趣，引入课题

1. 设疑激趣。

导语：他是一个勇敢的斗士，一生都在为“树人”而战斗。让人敬佩的是，他不仅为自己站起来而“斗”，更是为自己所在的这个民族而“斗”。他永远站在弱者与被压迫者一边，怒视一切丑恶与愚昧，无所畏惧也不求依靠。他同情受苦受难的同胞，却不因为同情而放弃对这些愚昧而不自知的同胞们的批判，真的勇士是敢于直面惨淡的人生，敢于正视淋漓的鲜血。猜猜“他”是谁。

出示毛泽东对鲁迅的评价：“鲁迅是中国文化革命的主将，他不但是伟大的文学家，而且是伟大的思想家和伟大的革命家。鲁迅的骨头是最硬的，他没有丝毫的奴颜和媚骨，这是殖民地半殖民地人民最可宝贵的性格。鲁迅是在文化战线上，代表全民族的大多数，向着敌人冲锋陷阵的最正确、最勇敢、最坚决、最忠实、最热忱的空前的民族英雄。鲁迅的方向，就是中华民族新文化的方向。”

2. 解读标题。

1925 年 4 月 29 日这一夜，坐在灯下的鲁迅由自己亲身经历的一件小事思考开去，审时度势，举重若轻，笔锋所至，出今入古，写下了见解独到、思想深邃、忧愤深广的杂文名篇——《灯下漫笔》。

有人说，“漫笔”的“漫”，既是内容的“漫”无边际，又是“心事浩茫连广宇”的“漫漫”心绪，还是一种“漫延开来”的思维方式，也是散“漫”无拘、兴之所至的笔墨趣味。

二、走进文本，整体感知

提问：

（1）鲁迅为什么不厌其烦地写“钞票兑银”？

（2）鲁迅为什么说“我们极容易变成奴隶，而且变了之后，还万分喜欢”？“我们”就真的那么自甘堕落吗？

（3）怎么理解鲁迅所说的“第三样时代”？

（播放《灯下漫笔》朗读音频。）

三、品味文本，批文入情

学生分成四个学习小组，进行讨论写交流，各组选一位学生代表发言，教师相机点拨诱导。

讨论与交流板块一：

（1）文中作者谈论的对象涉及哪几个方面？

（2）作者对这几个方面的认识如何？

（3）作者在行文中蕴含了什么样的思想感情？

讨论与交流板块二：

(1) 如何理解“我们极容易变成奴隶，而且变了之后，还万分喜欢”这句话？它与上下文有何联系？“我们”中包括鲁迅本人吗？

(提示：注意其中的关键词“极容易”“万分喜欢”。)

明确：“极容易”说明中国“乱”的时候多，百姓想做奴隶而不得，所以宁愿在“治”世里做奴隶，一旦得到满足，自然“万分喜欢”了。这句话是在第 1～3 自然段事实基础上的推论，第 4 自然段则是对这句话的补充说明。

(2) 作者把中国几千年的封建社会历史概括为“一、想做奴隶而不得的时代；二、暂时做稳了奴隶的时代”。试从文中找出这一论断的依据，然后谈谈这两个时代的划分标准是什么，“人的价格”该如何理解？

明确：作者把中国历史概括为两个时代的依据——

① 中国人向来就没有争到过“人”的价格，至多不过是奴隶；在“乱”世，连奴隶（牛马）也做不成，所以情愿做“治”世的奴隶（牛马）。

② 百姓渴望有人定出奴隶的规则，过“治”世正常的奴隶生活，一旦有人出来定了规则，便“万姓胪欢”了。

③ 中国历史总陷入“一治”（暂时做稳了奴隶）“一乱”（想做奴隶而不得）的循环怪圈之中。

由此可见，两个时代的概括是和上下文关联的。

这篇文章表现了鲁迅前期作为一个革命民主主义者所具有的彻底的、毫不妥协的反帝反封建精神，但是，他一方面指出了中国人民做了几千年奴隶，而另一方面则忽略了中国劳动人民几千年来进行过无数次的农民起义斗争。

(3) 鲁迅号召青年创造中国历史上未曾有过的“第三样时代”是什么样的时代？新的 21 世纪迎来了这样的时代了吗？

(出示文章《对“第三样时代”的呼唤——〈聪明人和傻子和奴才〉解读》。)

明确：“第三样时代”是指走出“一治一乱”的中国封建历史循环的怪圈而迈向自由和民主的时代，老百姓也告别“想做奴隶而不得”和“暂时做稳了奴隶”这两个时代，体现真正做“人”的价值，成为社会的主人。

四、布置作业

1. 整理文中的生字词。

2. 完成课后练习题。

第 2 课时

一、品味语言，感悟风格

学生分组研究、探讨、品味文章中含义丰富的语句，感悟情理，教师相机点拨诱导。

1. “我们极容易变成奴隶，而且变了之后，还万分喜欢。”

提示：注意其中的关键词“极容易”“万分喜欢”。

2. “假如有一种暴力……为什么呢？因为他虽不算人，究竟已等于牛马了。”

提示：注意其中的关键词“羡慕”“叹息”“心悦诚服”“恭颂”。

3. “只要一翻孩子所读的《鉴略》……历来所闹的就不过是这一个小玩艺。”

提示：注意其中的“这一个小玩艺”。

……

其他可由学生自由提问或鉴赏。

二、鉴赏结构，沿路悟理

课文可分为三部分。

1. 学生自由诵读第 1～5 自然段，自己概括。

第一部分（第 1～5 自然段）：从生活中的一件小事写起，从钞票兑换现银这件事联想到“我们极容易变成奴隶，而且变了之后，还万分喜欢”。

现实：（事）钞票贬值（兑钞）——（想）“人”的贬值（易变成奴隶）

2. 分组朗读第 6～11 自然段，抽学生概括。

第二部分（第 6～11 自然段）：回溯中国历史，指出中国历史只能概括为“想做奴隶而不得的时代”和“暂时做稳了奴隶的时代”。

历史：（现象）治——（本质）暂时做稳了奴隶

（现象）乱——（本质）想做奴隶而不得

第 6 自然段指出中国精神文明的“高超”正在于使人们安于奴隶的地位，把“牛马”的命运当作“太平盛世”来“恭颂”；而封建阶级的史学家也粉饰太平，说什么“咱们向来就很好的”。真的很好吗？

在第 7～9 自然段里，作者列举了大量的事实，尖锐地指出：“中国人向来就没有争到过‘人’的价格，至多不过是奴隶……”所谓“皇恩浩荡”“天下太平”的时候也是有的，那不过是来了一个“较强”或“较聪明”或“较狡猾”的“新主子”或“外族的人物”，厘定了“奴隶规则”，把百姓引上了“奴隶的轨道”罢了。

第10～11自然段承接上文，水到渠成地指出，“先儒”所说的历史上“一治一乱”的时代，实际上是“一、想做奴隶而不得的时代；二、暂时做稳了奴隶的时代”，一针见血地指出中国封建社会的实质。

2. 集体朗读第12～14自然段，抽学生概括。

第三部分（第12～14自然段）：讽刺当时的现实，实际上还是在这两个时代里循环，帝国主义、封建军阀统治下的中国实际上是老百姓“想做奴隶而不得的时代”。

现实：不满——号召创造“第三样时代”

文章由第一部分的引子，引出第二部分的观点，第三部分以讽刺现实、展望未来作结。

这样划分的理由：由对现实的抨击，转到对封建社会历史的批判，再回到现实，提出使命。

三、品赏文本，探寻美点

（出示文章《〈灯下漫笔〉鉴赏》。）

提问：针对这篇文章，请你任意选一两个鉴赏点，谈谈你的看法。

明确：直写事实，以小见大；理中生情，情中化理；语言含蓄蕴藉，富有力度。

四、课后玩味，提升品位

（出示鲁迅的《春末闲谈》原文。）

《春末闲谈》与《灯下漫笔》堪称姊妹篇，试比较其异同，写一篇鉴赏短文。

第3课时

一、深层品读，领悟思想

（出示文章《鲁迅精神永存》。）

1. 鲁迅对社会问题的审视力度。

讨论：《灯下漫笔》一文是从一件什么事起笔的？试简要概括。

明确：文中开篇所写的是一件不大不小的日常生活事件。老百姓相信国家银行而将银元换成钞票，又因政局不稳要将钞票转换成银元而不得，听说暗中有了行情又赶去兑现，即使打了折扣也在所不惜。

点拨：本文以人们习以为常的生活现象为思考的起点，并以此为导火索，引出一番激烈的议论说理。

讨论：为什么这件事能成为导火索？怎么会从这件事忽然想到中国的老百姓“极容易变成奴隶”？

点拨：可以从文章的第一部分中去找答案。从这一生活现象中鲁迅观察到国民性的弱点，细读第3自然段，文中对老百姓的经济生活遭到的折腾进行了描写。

明确：老百姓在时局的变化中、在得失的更迭中寻求一份自我安慰，这种心态与阿Q如出一辙。鲁迅锐利的目光扫视过生活的层面，透视民众的病态心理，进而触及产生这种病态心理的社会背景——“极容易变成奴隶”的时代。正是因为鲁迅对民众、对社会极其热切的关注，所以，并不引起平常人太多注意的生活现象却能触动鲁迅的敏感神经，引起他的切肤之痛与振臂疾呼。

（板书：鲁迅的眼力——生活事件——人性、社会、时代。）

（注：这一步既有助于学生掌握全文内容结构，又有助于学生了解鲁迅。）

2. 鲁迅的历史观。

讨论：鲁迅对历史的看法持什么态度？与历代史料编纂者和封建知识分子有哪些重大分歧？

点拨：讨论时注意抓住以下词句。

第6自然段：恭读、审察、高超、所谓、一流、咱们向来就很好的。

第10自然段：发祥、发达、中兴、好题目、好意诚然是可感的。

明确：鲁迅主张把人类历史归于两种定义。

（板书：想做奴隶而不得的时代；暂时做稳了奴隶的时代。）

（1）这两种时代中老百姓的命运如何？

明确：想做奴隶而不得的时代——等于牛马的价格；暂时做稳了奴隶的时代——是人而非人。

（2）这两种时代的共同点是什么？

明确：老百姓失去了做人的权利和自由。

3. 鲁迅思想的核心。

（板书：鲁迅的原名——树人，鲁迅思想的核心——立人。）

“树”和“立”是同一意思，都是使动用法，即“使人树”“使人立”。“人”即“国民”，在鲁迅看来，中国国民从来就没有成为真正意义上的“人”，无论是阿Q、孔乙己，还是祥林嫂、闰土。鲁迅一生追求的目标就是改造国民的“灵魂”，使之“立”起来。

（出示文章《简论鲁迅思想的核心——人》。）

二、走出文本，濡染精神

（播放《山坡羊·潼关怀古》朗诵音频。）

（材料一）峰峦如聚，波涛如怒，山河表里潼关路。望西都，意踌躇。伤心秦汉经行处，宫阙万间都做了土。兴，百姓苦！亡，百姓苦！

（播放歌曲《义勇军进行曲》。）

（材料二）起来！不愿做奴隶的人们！把我们的血肉，筑成我们新的长城！中华民族到了最危险的时候，每个人被迫着发出最后的吼声！起来！起来！起来！我们万众一心，冒着敌人的炮火前进！冒着敌人的炮火前进！前进！前进！进！

（材料三）为了有更多的抨击黑暗的阵地，鲁迅于 1925 年 4 月创办了《莽原》周刊，作为《京报》的副刊发行。鲁迅深深感到文坛上“最缺少的是‘文明批评’和‘社会批评’……想由此引些新的这一种批评者来，虽在割去敝舌之后，也还有人说话，继续撕去旧社会的假面”（《两地书·一七》）。鲁迅自己起了带头作用，他发表在《莽原》上的杂文，都有着很深刻的见解，可以说是“社会批评”的杰作。

教师讲述：鲁迅还控诉和鞭挞了“中国的精神文明”。“所谓中国的文明者”，其实就是维护封建等级制度的烦琐的条款，因此它“不过是安排给阔人享用的人肉的筵宴”“大小无数的人肉的筵宴，即从有文明以来一直排到现在，人们就在这会场中吃人，被吃，以凶人的愚妄的欢呼，将悲惨的弱者的呼号遮掩”。“扫荡这些食人者，掀掉这筵席，毁坏这厨房，则是现在的青年的使命！”在鲁迅这愤怒的呼号中，革命民主主义者的思想得到了更为强烈的彰显。他在写《灯下漫笔》之前曾写过一篇《〈苏俄的文艺论战〉前记》，显示出他已经开始理解马克思列宁主义了，正是吸收了这种新的思想，他的战斗精神才变得更高昂起来。

学生进行比较阅读，思考与讨论：鲁迅的小说、散文我们已学过不少，综观他的作品，尤其注意将这篇《灯下漫笔》和上述材料进行综合分析，看鲁迅始终关注的热点话题是什么。同时可将鲁迅对国民悲苦命运的同情与古代志士仁人对老百姓的同情进行比较，看有什么不同之处。

明确：鲁迅的许多作品都描写下层劳动人民的悲苦命运，刻画他们饱受贫困折磨的形象，剖析他们的内心世界，并深究造成这种悲惨命运的社会根源和历史根源，唤起人们的关注。与历代志士仁人的同情心相比，鲁迅的同情心显得更深刻、彻底，他不是停留在一般同情的层面上，而是寄希望于青年人“扫荡这些食人者，掀掉这筵席，毁坏这厨房”“创造这中国历史上未曾有过的第三样时代”，彻底改变奴隶的命运。鲁迅的同情心出自对人民和整个民族命运的关心，同时彰显了对黑暗社会的强烈反抗精神。这正是一位革命家和思想家的深沉、独到、彻底之处。

三、课堂总结，跌宕心灵

师：是啊，一代伟人虽然远离了我们，但鲁迅先生留给我们的不仅是怀念，更多的是他铸就的民族魂。下面让我们以一首小诗来做个小结吧！

（出示诗歌，让学生在配乐中集体诵读。）

从前，知道鲁迅是一位文学家，他的国文功底很是深厚；
后来，以为鲁迅是一位革命家，他与陈独秀等人一起倡导新文化运动；
今天，更愿把鲁迅看作一位沉着的思想家：指点江山，洞若观火。

从前，认为鲁迅是那种愤世嫉俗，擅长揭露社会阴暗面的叛逆者；
后来，想象鲁迅是一头受伤的狼，发出悲痛的哀号；
今天，更愿意尊他为“医圣”——将旧社会的病根暴露出来，将苟活者的劣根解剖，催人警醒。

从前，认为夏瑜坟上的那个花环美丽，鲁迅真善良，不忘给死难者送上一个安慰；
后来，认为那个花环根本不可能存在，鲁迅写得不真实；
今天，才真实理解鲁迅的文章的确存在着亮色：是要给后来者以勇气，绝非一味地寂寞与凄苦。

从前，知道鲁迅；
后来，认识鲁迅；
今天，尊崇鲁迅。

四、课后余韵

课后阅读鲁迅的《这个与那个》，加深对杂文形式和特点的认识。

教学反思

课是为学生上的，是为学生解决问题的。要以学生为本，课堂教学的出发点和归宿都是学生的需要和发展。语文课堂就是要让学生读、悟、说，

读、悟、说，即阅读、感悟、表达。阅读是感悟的基础，有所感悟就能让学生更好地朗读，感悟是表达交流的基础，而积极的表达交流又能让学生获得更深层次的感悟。“悟”什么？对文本的领悟重点在于研究三个方面的问题：写的是什么？是怎么写的？为什么这样写？领悟“写的是什么”，就是要领悟文本所表达的内容和作者表达的思想感情、基本见解等；领悟“是怎么写的”，即领悟文本中的写法；领悟“为什么这样写”，就是要揣摩、领悟为什么写这些内容而不写其他内容，为什么这样表达而不是那样表达。由此，本课按照“走进文本—品味文本—品读语言—深层解读—走出文本”的顺序组织教学。

1. 课堂上读散文，多从文章学的角度去读，从文章内容到表现手法，从“形散”到“神不散”。高尔基说，文学即人学。能否从读懂鲁迅的角度去读，去认识鲁迅作为伟大的思想家、革命家的一面，更多地发挥文章在人文方面的影响力，正是本课首先考虑的问题。另一方面，以学生对鲁迅、对中国历史的认知为基础，发挥教师激疑、助学、点拨的作用，培养学生归纳、分析、比较、想象的能力。

2. 以思想为切入点，以语言为重点，培养学生的理解能力。鲁迅先生写这篇文章的目的在于对国民奴性的批判，因此对这篇课文教学的重点放在提高学生领悟语言的能力上，调动学生的情感体验去品味语言的韵味，引导学生进入语言情境，对文章中的词句进行理解与感悟，进而培养学生独立自主的人格。

（所获奖项：三等奖）

专家点评

《灯下漫笔》一文以小见大，由平凡的日常生活小事引出一个沉重的话题，提炼出深刻的思想，体现了鲁迅的大手笔。作品情理交融，作者把自己对中国社会历史和现实鞭辟入里的理性认识融化在情感之中。作者的语言精辟，表现力极强，但是由于作者所处的社会环境与现在的高中生生活的环境相距甚远，学生理解起来并不容易。

该教案中，教师坚持“以学生为主体、以教师为主导”的教学理念，在课前充分准备的基础上，将学习的主动权交给学生。教师设计的教学目标比较明确，基本符合课程标准要求和学生的学业水平。教师围绕教学目标设计了讨论话题，并引导学生在阅读后提出问题，在课堂上组织学生分组讨论交流，鼓励学生发表独立见解，在帮助学生理解作品主题的同时，既锻炼了学生的表达能力，又训练了学生的思维能力。整个教学过程中，教师充当了组织者、指导者的角色。在教师的引领下，学生在阅读与鉴赏活动中充实了精神生活，提升了人生境界，加深了对民众与社会的思考和认识。学生能够从整体上把握文本内容，理清思路，理解文本所表达的思想、观点和感情。教师引导学生根据语境揣摩语句含义，体会语言表达效果，能够使学生了解鲁迅作品的特点及主要表现手法，领悟作品的丰富内涵，体会其艺术表现力，从而获得自己的情感体验和思考。

需要注意的是，该教案中，教师设计的教学内容比较丰富，有助于拓展学生的知识面，但是用三课时来学习这一课会不会过于冗长？如果能重新设计教学内容，使其更精练，用两课时完成，效果也许会更好。

（点评人：辽宁省沈阳市和平区教师进修学校　焦玉琨）

情牵孤月，感悟人生
——《春江花月夜》教案及评析

孙明玉[①]

教学背景

教学课时：1课时

教学准备：

1. 学生：利用互联网搜索有关赏析《春江花月夜》的资料；分成若干小组，准备在课堂上进行讨论交流。

2. 教师：利用互联网搜索相关资料，制作多媒体课件。

教学目标

1. 培养在诵读中感受诗歌之美的能力。

2. 赏析本诗的景、情、理，提高鉴赏诗歌的能力。

3. 了解明月、江水、落花三个意象的作用。

教材分析

《春江花月夜》是一首乐府诗，诗人描述了动人心弦的春江花月夜之景，探索了宇宙的神奇奥妙，抒写了游子思归之情与思妇怀远之情。本诗将写景、叙事、抒情融为一体，格调婉约，抒情缠绵，开拓了诗歌的高远意境，使诗歌的内容和形式达到了完美统一。

本课教学的定位首先是“选读”，即通过阅读诗歌进行语言、情感和思维的积累；其次是“欣赏”，即对诗歌内容的精深和形式的优美能“看好处”“说门道”。高中生已经具有一定的诗歌鉴赏能力，但是还缺乏系统的鉴赏训练，而这首诗可以成为很好的训练材料。

---

① 孙明玉，江苏省连云港市海州高级中学。

教学重难点

1. 赏析本诗的景、情、理，提高鉴赏诗歌的能力。
2. 了解明月、江水、落花三个意象的作用。
3. 分析诗歌中所传达出来的对宇宙和人生的思考。

教学方法

本课采用诵读法、分组讨论法等。

教学过程

一、导入新课

师：在群星璀璨的唐代诗坛，有位诗人一生仅留下两首诗，其中一首就是千古传颂的《春江花月夜》。这位诗人也因这一首诗，“孤篇横绝，竟为大家”。他就是初唐、盛唐之交的张若虚。今天就让我们一起来学习与赏析这首令人心驰神往的《春江花月夜》！

二、介绍作者，解读标题

1. 介绍作者张若虚。（参见教材注释）

他在诗风上厌恶六朝以来的空洞艳体，追求自由豪放、富有理想的高远意境。

2. 解读标题。

《春江花月夜》为乐府诗。作者吸取了南朝民歌的内容和形式，以和谐的歌调，描述了动人心弦的春江花月夜之景，探索宇宙人生哲理，抒写了游子思归之情与思妇怀远之情。本诗格调婉约优美，抒情幽怨缠绵，言之有物，开拓了诗歌的高远意境，使诗歌的内容和形式达到了完美统一，且将写景、叙事、抒情融为一体。《春江花月夜》被闻一多先生誉为“诗中的诗，顶峰上的顶峰”（《宫体诗的自赎》）。

三、诵读诗歌，整体感知

师：学习诗歌重在诵读，通过诵读去领悟这首诗带给我们的美好意境、去理解诗歌中传达的情感。首先，请同学们欣赏范读。

（播放《春江花月夜》朗诵音频。）

师：同学们都沉浸在诗歌优美的氛围中了。那么这首诗到底为何能够这么美？到底该如何欣赏品味呢？

四、赏析诗歌

1. 赏景色。

（1）思考：诗人写了哪些具体的景物？这些景物共同构成了怎样的画面？请用自己的语言描绘出来。

参考：描写了月光下的江流、芳甸、花林、飞霜、沙汀、白云、青枫、扁舟、高楼、玉户、闲潭、落花、海雾、江树等景物，春江潮动，花草遍地，明月朗照，月伴花，花伴月，江畔白沙与月光融成白茫茫一片。淡淡的感伤美、优雅空灵的纯净美，交织构成了一幅充满诗情画意的春江月夜图。

（2）探讨交流：诗题共五个字，代表五种事物。你认为作者重点写的是哪一个字？为什么？

小结：全诗扣紧“春江花月夜”这五个字来写，但重点写“月”。春、江、花、夜，都围绕着月做陪衬。诗从月生开始，继而写月下的江流、芳甸、花林、沙汀，然后就月下的思妇反复抒写，最后以月落收结，有主有从，主从巧妙地配合着，构成完整的诗歌形象，形成美妙的艺术境界。

请学生先自由朗读前八句，然后跟着范读音频朗读，想象诗歌所描绘的幽美画面。

2. 悟哲理。

（1）思考：诗人是如何从眼前之景过渡到对宇宙、对人生的思考的？找出过渡句。

江畔何人初见月？江月何年初照人？

（2）思考：诗人表达了怎样的哲理？

诗人浮想联翩，思接千载，感慨宇宙的神秘、人生的无奈，感慨宇宙无穷的永恒之美、人生短暂的悲剧之美，但诗人同时顿悟：人生是短暂的，而人类则是绵延永久的。

（3）思考：我们学过的哪些古诗文表现出相似的感慨？

曹操：对酒当歌，人生几何？譬如朝露，去日苦多。

苏轼：哀吾生之须臾，羡长江之无穷。

王羲之：况修短随化，终期于尽。古人云：“死生亦大矣。”岂不痛哉！

指名朗读接下来的八句，读出情感。

（提示：可以重读“孤”“只”“待”“但”等。“孤”字已经注入了诗人的主观情感。“只”字写出月圆而缺，月缺而圆，年年相望，只是如此，从来没有两样的明月，人哪里比得上明月永恒的情景，而且与“无”字相对。

个人的生命是短暂即逝的，丰富多彩的人生却是“代代无穷已”的，这样也就与“年年只相似”的明月一样获得了永恒。“待”字表现了明月徘徊，像是在等待什么人似的，但又永远不能如愿的情境。“但”是只的意思，意在强调江水自然的永恒。）

3. 品情感。

宇宙无穷，人生短暂，本该珍惜，可是天下不知多少思妇游子难以团圆而生两地悲愁啊！诗的后半部分写人间男女的离愁别绪。

学生齐读接下来的四句。

（1）思考：诗人是如何表现思妇怀远之情的？（提示：从表现手法、推敲炼字方面考虑）

参考：用“月”来烘托她的怀念之情。“卷”和“拂”两个动作，生动地表现出思妇内心的惆怅和迷惘。

（2）思考：诗人是如何表现游子思归之情的？（提示：从品味意象角度思考）

参考：诗人用落花、流水、残月来烘托游子的思归之情。

师：本诗景美、理美、情美，而且一轮明月将景、情、理有机地融合在了一起。因为明月，春江花夜才如诗如画；因为明月，才引发诗人对宇宙和人生的无穷感慨；因为明月，平添了思妇游子的愁绪幽情。请同学们再次朗诵全诗，细细体会诗歌美好而幽远的意境。

学生配乐齐读全诗。

（播放乐曲《春江花月夜》。）

五、拓展探究

师：为何诗人看到那样的景会触发那样的情？景和情之间是否有着必然的联系？为何这首诗能够引起读者的情感共鸣？这是否已经积淀为一种民族的审美情感？要想得到答案，我们就必须从历代诗文中去寻找。

学生分组合作探究这首诗中出现的明月、江水、落花三个意象的寓意。

（1）分别列举含意象的句子。

（2）分析意象在具体句子中所蕴含的情感。

（3）综合概括意象的一般寓意。

（出示关于古诗中的明月、江水、落花这三个意象的资料。）

小组代表发言，其他学生补充，教师总结。

六、课后作业

1. 背诵全诗。

2. 用优美的语言把诗歌前八句改写成散文。

教学反思

这节课容量比较大，要想顺利达成教学目标，课前学生必须充分预习，做好相关准备工作。由于课前任务分配到各小组，所以课堂上学生的交流展示充分，突出了教师的主导作用和学生的主体地位，初步实现了由以教师讲读为中心向指导学生自读的过渡。但由于时间关系，拓展探究环节不够深入。这也提醒我，课堂能突显一个重点即可，切忌面面俱到。

（所获奖项：三等奖）

专家点评

语文教学应该是美的，诗歌教学更应该是美的。高中语文课程标准中指出，通过语文教学，要使学生具有积极的鉴赏态度，注重审美体验，陶冶性情，涵养心灵，养成高尚的审美理想和高雅的艺术趣味。本教案的优点之一就是引领学生感受作品的语言美、韵律美、意境美和哲理美，使学生在美的体验中感受作者的智慧、思考人生的课题。

教师在课前充分准备的基础上，开门见山地导入新课，寥寥数语就激发起学生了解作者和作品的欲望。教师在带领学生解读课题后，引领学生诵读诗作，使学生在读诗的过程中领悟作者描绘的美好意境，感受诗句中传达的情感。在为学生播放范读音频时，教师注意引导学生通过自由想象去感受诗歌只可意会不可言传的意境。教师组织学生根据课前预习情况分组讨论交流、赏析作品，锻炼了学生的语言表达能力和综合应用能力，使学生在阅读鉴赏中了解到诗歌的基本特征及主要表现手法，体会到其基本精神和深刻内涵，丰富了学生的文化底蕴。在拓展探究环节中，教师引导学生分析探讨诗中出现的明月、江水、落花三个意象的寓意，既拓宽了学生的知识面，又有助于学生深入理解诗歌的意境。

需要注意的是，高中生已经具备一定的语文知识基础和自主学习能力，有的学生课余可能已经接触过这首名作。如果教师尝试进一步放手，给学生更大的自主空间，比如，由学生来介绍作者和作品，将更有利于调动学生的学习积极性，教学效果会更好。

（点评人：辽宁省沈阳市和平区教师进修学校　焦玉琨）

超然物外的旷达情怀
——《赤壁赋》教案及评析

张佃霞[①]

教学背景

教学课时：2 课时

教学准备：

1. 学生：收集《赤壁赋》及其作者苏轼的相关资料，对作者以及文章的写作背景有大致的了解；初读课文，了解课文大意；自学生字词，读准生字的读音，想想词的意思；自学课文，思考学案中的问题；提出自学中遇到的问题。

2. 教师：利用互联网搜索相关资料，制作多媒体课件。

教学目标

1. 通过多次诵读，理解并熟悉课文内容，做到熟读成诵；整体把握课文，根据课文内容，理清思路，把握结构。

2. 领会课文景、情、理交融的特点，赏析课文典雅、精美的语言；学习和积累有关文言实词和虚词的知识。

3. 能知人论世，领悟文旨；从本文中汲取思想的精髓，学习作者如何面对人生困境；了解作者在旷达的风貌之下寄寓的悲愤苦闷的复杂情感。

教材分析

唐代散文重在意境和情感，而宋代散文则重在情感和理趣。但无论是意境、情感或是理趣，都应该注重对文章语言的鉴赏，即揣摩意境、感悟情感、探讨理趣。这也是本课教学的一个重点。只有在写景叙事中注入作者浓

① 张佃霞，山东省青州第三中学。

郁的主观情思的文章，语言才能丰富生动、妙趣横生，倘若在情景交融之外，能从物我之间抒发哲理意蕴的则更是达到化境的上乘之作。苏轼的《赤壁赋》就是这样一篇独具特色的“以文为赋”的上乘之作，它兼具南北朝骈赋和唐宋古文的双重特点，文质兼美，情理并茂。作者将对社会人生的抽象认识通过欣赏风月、凭吊古人的方式来呈现，在主客观的契合间阐述哲理的意蕴。文章“如行云流水，初无定质，但常行于所当行，常止于不可不止，文理自然，姿态横生”。因此，在本课教学过程中应致力于培养学生的鉴赏水平，提高学生的语文素养和综合运用能力。

教学方法

1. 朗读法。

中学生应诵读一定量的浅显的文言文。《赤壁赋》是骈散结合的文赋，声韵和美，节奏富于变化。第 1 课时应运用多媒体的形式让学生多听、多看，同时让学生有感情地反复诵读，重在整体感知，在此基础上理清文章的思路。

2. 质疑探究法。

第 2 课时重在开展研究性的讨论学习，教师设计问题，学生在课前收集资料，写好发言稿，课堂上以交流讨论的形式将对课文的理解引向更深的层面。

教学过程

第 1 课时

一、导入新课

余秋雨先生有一篇散文叫《苏东坡突围》，这篇文章主要讲述苏轼因“乌台诗案”被贬至黄州后的生活经历和心路历程。作者认为这段炼狱般的经历让苏轼真正走向了成熟，因此，在文末，余秋雨写道——

成熟是一种明亮而不刺眼的光辉，一种圆润而不腻耳的音响，一种不再需要对别人察言观色的从容，一种终于停止向周围申诉求告的大气，一种不理会哄闹的微笑，一种洗刷了偏激的淡漠，一种无须声张的厚实，一种并不陡峭的高度。勃郁的豪情发过了酵，尖利的山风收住了劲，湍急的细流汇成了湖，结果——引导千古杰作的前奏已经鸣响，一道神秘的天光射向黄州，

《念奴娇·赤壁怀古》和前、后《赤壁赋》马上就要产生。

（出示余秋雨的《苏东坡突围》原文。）

板书课题，交代学习任务。

二、介绍作者及创作背景

（出示关于苏轼的资料。）

苏轼，北宋文学家，字子瞻，号东坡居士，眉州眉山（今属四川省眉山市）人。父苏洵、弟苏辙均以文名著称，而以苏轼成就最高。文坛上称他们父子为“三苏”。朱德同志曾题诗曰：“一门三父子，都是大文豪。诗赋垂千古，峨眉共比高。”宋仁宗嘉祐二年（1057年），苏轼中进士，受到当时文坛领袖欧阳修的赞赏。宋神宗熙宁年间，王安石实行变法，苏轼因反对新法而被外调，任杭州通判，转任密州、徐州、湖州等地知州。元丰二年（1079），苏轼因被诬陷为作诗讽刺新法，而被捕下狱，后被贬为黄州团练副使，因筑室于东坡而自号东坡居士。哲宗继位，苏轼一度被召回京，等哲宗亲政，苏轼再一次遭贬到惠州，后又到琼州。徽宗即位后，苏轼遇赦北还，途中在常州病逝。

（出示关于创作背景的资料。）

宋神宗元丰二年（1079年），苏轼因“乌台诗案”（其实是御史李定、舒亶、何正臣等人断章取义地摘出他讽刺新法的诗句进行诬陷，“乌台”即御史台）被捕入狱。后经苏辙等人营救才免罪释放，被贬为黄州团练副使。从“乌台诗案”到流放黄州是苏轼人生的重要转折，政治上失意彷徨，精神上孤独苦闷。但是生性旷达的苏轼在老庄佛禅和山水之乐中求得解脱，自号东坡居士，并写下了千古传唱的《念奴娇·赤壁怀古》《前赤壁赋》和《后赤壁赋》这样充满哲学意味、凝聚人生思考的名篇佳作。

三、朗读课文，疏通字词

1. 播放《前赤壁赋》朗读音频。

2. 注意朗诵的节奏和下列字词的读音。

壬（rén）戌（xū）	属（zhǔ）客	窈（yǎo）窕（tiǎo）
冯（píng）虚御风	桂棹（zhào）	倚歌而和（hè）
愀（qiǎo）然	舳（zhú）舻（lú）	山川相缪（liáo）
酾（shī）酒	横槊（shuò）	渔樵（qiáo）
江渚（zhǔ）	匏（páo）樽	蜉（fú）蝣（yóu）
溯（sù）	袅袅（niǎo）	嫠（lí）妇
无尽藏（zàng）	枕藉（jiè）	

3. 听录音，分组朗读课文。

朗读时应注意下列几点：（1）读出重音。如“舞幽壑之潜蛟，泣孤舟之嫠妇”，动词重读；“哀吾生之须臾，慕长江之无穷”“挟飞仙以遨游，抱明月而长终”，韵字重读；“而今安在哉”“而又何羡乎”，疑词重读。（2）读出节奏。如“况/吾与子//渔樵于///江渚之上”“盖将/自其变者//而观之”。（3）读出气势。如“方其破荆州，下江陵，顺流而东也，（停顿较小，语速较快）舳舻千里，旌旗蔽空，酾酒临江，横朔赋诗，（语速舒缓）固一世之雄也，（停顿较大，气势豪迈）而今安在哉？（情感急转缓慢低沉）”。（4）读出情感。如“举酒属客，诵明月之诗，歌窈窕之章”，何其乐也；“其声呜呜然，如怨如慕，如泣如诉”，何其悲哉；“惟江上之清风，与山间之明月……而吾与子之所共适”，何其旷达；“相与枕藉乎舟中，不知东方之既白”，又何其洒脱。引导学生细心体悟词语的抑扬顿挫及文句的舒缓轻重。

四、疏通文言知识

1. 解释下列加点的词。

（1）七月既望（　　）　　（2）举酒属客（　　）

（3）白露横江（　　）　　（4）纵一苇之所如（　　）（　　）

（5）浩浩乎如冯虚御风（　　）（　　）　　（6）渺渺兮予怀（　　）

（7）倚歌而和之（　　）（　　）

（8）余音袅袅，不绝如缕（　　）（　　）

2. 解释下列加点的虚词。

（1）之

纵一苇之所如（　　）　凌万顷之茫然（　　）

扣舷而歌之（　　）　倚歌而和之（　　）

（2）于

苏子与客泛舟游于赤壁之下（　　）　月出于东山之上（　　）

（3）其

而不知其所止（　　）　其声呜呜然（　　）

3. 指出句子中的词类活用现象，并加以解释。

舞幽壑之潜蛟，泣孤舟之嫠妇。

4. 指出下列句子的句式特点。

（1）苏子与客泛舟游于赤壁之下。

（2）凌万顷之茫然。

（3）渺渺兮予怀。

五、课堂总结

师：本节课我们积累了重要的文言知识，了解了赋这种文体。希望同学们课后复习巩固并能学以致用。

六、作业布置

细细品味名家的诵读，背诵这篇课文。

第2课时

一、解读课文

1. 本文多次写到主客问答，这种安排有什么作用？

第2自然段写作者饮酒放歌的欢乐和客人悲凉的箫声。作者饮酒乐极，扣舷而歌，以抒发其思“美人”而不得见的怅惘、失意之情。客人一曲洞箫，“倚船而和之”，凄切婉转，其悲咽低回的音调感人至深，促使作者的感情骤然变化，由欢乐转为悲凉，文脉也因之曲折流转，于曲流中跃起浪花。

第3自然段写主人以“何为其然也”设问，客人以赤壁的历史故事作答，文理转折自然。客人连用了两个问句，这两次发问使文章又泛起波澜。客人的回答表现了一种虚无主义思想和消极的人生观，这是苏轼借客人之口流露出的自己思想的一个方面。通过主客的问答，文中的思想情感跌入低谷。

第4自然段写苏轼针对客人发出的人生无常的感慨而陈述自己的见解，以宽解对方，实则也是宽慰自己。这里表现了苏轼豁达的宇宙观和人生观，他倾向于从多个角度看问题，而不同意把问题绝对化，因此，他在身处逆境中也能保持着豁达、超脱、乐观和随缘自适的精神状态，并能从人生无常的怅惘中解脱出来，对人生有大视野和大境界。而后，作者又从天地间万物各有其主，个人不能强求予以进一步的申说。思想感情由此得以深化，心胸更为开阔，文章再涌波澜。

第5自然段写客人听了作者的一番谈话后，转悲为喜，开怀畅饮。“相与枕藉乎舟中，不知东方之既白”，照应开头，极写游赏之乐，而进入忘怀得失、超然物外的境界。这里的景和情犹如长江在经历了蜿蜒曲折、波涌浪叠、惊涛拍岸之后，辽阔而祥和地汇入大海。

总之，运用主客问答的方式，使行文结构波澜起伏、摇曳多姿，作者的思想感情也得以层层展现、深层揭示。

2. 结合第3、4自然段，说说作者借江上清风、山间明月抒发了什么感情，阐发了怎样的哲理。

设题意图：本题期望学生在背诵的基础上体会文中的情感线索，并较为具体深入地理解文中所抒发的情感和所阐发的哲理。

参考答案：文章先由清风明月之美写玩赏之乐，再以主客问答写历史人物的兴亡和现实苦闷的“悲”，阐明变与不变的道理，以寻求解脱，最后归于豁达乐观。

第3自然段由眼前的江水明月想到曹操、周瑜这两位英雄人物和他们的事迹，而两位英雄已杳然长逝，化为陈迹。世间万物，英雄豪杰也只不过是过眼云烟，随着岁月的流逝而灰飞烟灭。而自己作为谪居黄州的小人物，更感“哀吾生之须臾，羡长江之无穷”，从而抒发了人生短促无常的悲观情怀。第4自然段丢开个人愁怀，以江水明月作比，说明世间万物和人生既有变的一面，又有不变的一面。从变的角度看，天地万物连一眨眼的工夫都不能保持不变；从不变的角度看，万物和人类都是永久存在的，不必羡慕长江的无穷和明月的永不增减，不必谈人生的短促，而应保持豁达乐观的态度，阐发了变化与永恒的辩证哲理。

3. 下面是《后赤壁赋》中的一段文字，仔细阅读，体会它与本文所描绘的景色有什么不同。

是岁十月之望，步自雪堂，将归于临皋。二客从予，过黄泥之坂。霜露既降，木叶尽脱。人影在地，仰见明月，顾而乐之，行歌相答。

已而叹曰：“有客无酒，有酒无肴，月白风清，如此良夜何?”客曰：“今者薄暮，举网得鱼，巨口细鳞，状似松江之鲈。顾安所得酒乎?”归而谋诸妇。妇曰：“我有斗酒，藏之久矣，以待子不时之需。”

于是携酒与鱼，复游于赤壁之下。江流有声，断岸千尺。山高月小，水落石出。曾日月之几何，而江山不可复识矣!

设题意图：这一题紧扣课文进行适当拓展，引导学生拓宽阅读视野，初步涉猎和学习比较鉴赏。

参考答案：两篇文章中均有精彩的写景语句：《前赤壁赋》中有“清风徐来，水波不兴”“月出于东山之上，徘徊于斗牛之间。白露横江，水光接天。纵一苇之所如，凌万顷之茫然”。《后赤壁赋》中有“霜露既降，木叶尽脱。人影在地，仰见明月”“江流有声，断岸千尺。山高月小，水落石出”。《前赤壁赋》所写之景，限于舟中，字字显初秋之色；《后赤壁赋》所写之景，多观于岸上，句句呈初冬之状。

二、课文总结

课文描写了月夜的美好景色和泛舟大江饮酒赋诗的舒畅心情，然后通过客人的洞箫吹奏极其幽怨的声调，引起主客之间的一场问答，转移到关于人生态度问题的论辩上，写出历史人物的兴亡和现实的苦闷，阐明变与不变的道理，以求解脱，最后归于豁达乐观，表现出作者“乐—悲—乐”的感情变化。这也是课文的感情线索。文章含而不露，意在言外，深沉的感情融于景物描写之中，满腔的悲愤寄寓在旷达的风貌之下。

三、文言文拓展

后赤壁赋

苏　轼

是岁十月之望，步自雪堂，将归于临皋。二客从予，过黄泥之坂。霜露既降，木叶尽脱。人影在地，仰见明月，顾而乐之，行歌相答。

已而叹曰：“有客无酒，有酒无肴，月白风清，如此良夜何?”客曰：“今者薄暮，举网得鱼，巨口细鳞，状似松江之鲈。顾安所得酒乎?”归而谋诸妇。妇曰：“我有斗酒，藏之久矣，以待子不时之需。”

于是携酒与鱼，复游于赤壁之下。江流有声，断岸千尺。山高月小，水落石出。曾日月之几何，而江山不可复识矣！予乃摄衣而上，履巉岩，披蒙茸，踞虎豹，登虬龙，攀栖鹘之危巢，俯冯夷之幽宫。盖二客不能从焉。划然长啸，草木震动，山鸣谷应，风起水涌。予亦悄然而悲，肃然而恐，凛乎其不可留也。反而登舟，放乎中流，听其所止而休焉。时夜将半，四顾寂寥。适有孤鹤，横江东来，翅如车轮，玄裳缟衣，戛然长鸣，掠予舟而西也。

须臾客去，予亦就睡。梦一道士，羽衣蹁跹，过临皋之下，揖予而言曰：“赤壁之游乐乎?”问其姓名，俯而不答。“呜呼噫嘻！我知之矣。畴昔之夜，飞鸣而过我者，非子也耶?”道士顾笑，予亦惊寤。开户视之，不见其处。

1. 下列句子中加点词含义相同的一项是（　　）。

A. 攀栖鹘之危巢
　正襟危坐而问客曰

B. 适有孤鹤，横江东来
　适千里者，三月聚粮

C. 今者薄暮
　为夫婿所薄

D. 履巉岩，披蒙茸
　蹑迹披求，见有虫伏棘根

2. 下列句子中加点词的意义和用法相同的一项是（　　）。

A. 霜露既降，木叶尽脱

既无伯叔，终鲜兄弟

B. 顾安所得酒乎

顾念蓄劣物终无所用

C. 凛乎其不可留也

自今以往，吾其无意于人世矣

D. 以待子不时之须

以愚辞歌愚溪

3. 下面是关于《前赤壁赋》与《后赤壁赋》的比较，说法有误的一项是（　　）。

A.《前赤壁赋》写江上秋月，景色宁静清爽；《后赤壁赋》写江岸冬景，境界寥落幽峭。

B.《前赤壁赋》以谈玄说理为主，议论风生；《后赤壁赋》则以记叙描写为主，奇境迭出。

C.《前赤壁赋》以入梦结，表现作者暂得解脱的旷达；《后赤壁赋》以梦醒结，表现作者内心的矛盾与苦闷。

D.《前赤壁赋》与《后赤壁赋》都是情、景、理浑然一体，巧妙地表达了作者的思想感情的曲折变化及心理矛盾的解决过程。

4. 把下列句子翻译成现代汉语。

(1) 有客无酒，有酒无肴，月白风清，如此良夜何？

____

(2) 反而登舟，放乎中流，听其所止而休焉。

____

四、布置作业

当我们处在人生失意之中时，我们能从苏轼身上得到哪些启示呢？请拿起笔写下自己的感悟吧！（不少于200字）

教学反思

教授此文前，我做了精心准备，教后细细反思，觉得基本达到了预期效果，但仍然存在着不足。

1. 成功之处。

(1) 指导诵读到位。

这篇课文的体裁为文赋，作者既保留了传统赋体的特质与情韵，又采用了散文的笔调和手法，打破了赋在句式、声律的对偶等方面的束缚，使文章既有诗歌的深致情韵，又有散文的透辟理念。本文宜于诵读，极富声韵之美。诵读时，要特别注意文章中的押韵词和对偶句。学生通过诵读了解了赋的语言特点，体会了声韵之美。

(2) 在分析文章的写作特色时，对对比手法的分析归纳到位。

①“一世之雄”和“吾与子”的对比

在第3自然段中，客人首先由诗句引出曹操，又由山川景物引出曹操被周郎围困的赤壁，然后联想到曹操势如破竹、节节胜利的盖世奇功，接着笔锋一转，陡然发问：这样的英雄人物现在在哪里呢？言外之意是这样的盖世英雄也不能不随着历史洪流被浪花淘尽。那么我和你不过是渔民、樵夫，以鱼虾为伴，以麋鹿为友，驾着小船举酒相劝，把短暂的一生寄托在天地之间，我们渺小得像大海里的一粒米，又怎么能与英雄人物相比呢？在这里，客人从名声、功业、地位、友人等方面将“一世之雄”和“吾与子”进行对比，说明英雄光彩照人、伟大非凡，最终也是不知在什么地方，而我们这些人渺小得不能再渺小，平凡得不能再平凡，不更是如此吗？因此客人深感悲哀。

②“吾生之须臾”与“长江之无穷”的对比

对于大自然来说，我们的生命是十分短暂的，长江却是长流不断、无穷无尽的。一短一长、一哀一羡的对比，表明了客人的悲伤之情。

③ 美好愿望与残酷现实的对比

客人曾想和神仙一起遨游太空，像明月一样永世长存，这是他的美好理想，但现实是“知不可乎骤得”，即这样的愿望终究不能实现。即使理想再美好，也是肥皂泡而已，所以他感到悲伤。通过三组对比，客人艺术地回答了箫声“如怨如慕，如泣如诉”的原因，鲜明地表达了人生短促无常、理想不能实现的悲观情绪。

2. 不足之处。

(1) 对课前预习的重视不够。课前只笼统地布置学生查一查苏轼的相关资料，没有给学生提出具体的问题，因此不少学生只是简单地查了一下他的生平。

(2) 在师生互动方面，我讲解得过多，学生互动讨论得较少。课堂是学生主动学习的场所，学生是学习的主人，课堂上理应让学生畅所欲言、自主互动，要在学生、教师、文本的相互对话中激发学生的学习兴趣，培养学生的学习意识和学习习惯。

3. 改善措施。

(1) 课前预习布置要具体。比如，让学生查找苏轼其他诗歌里写明月的诗句、查找“乌台诗案”的相关资料等。

(2) 对文中明月的意象进行详细分析，如明月对抒情的作用、明月对阐述人生哲理的作用。

(3) 真正把课堂还给学生，教师只做引导者、启发者，让他们发挥聪明才智、积极思考。

(所获奖项：三等奖)

专家点评

该教案的突出特点是重视文言文基础知识的学习。课前，教师安排学生参考学案进行预习，使学生在为课堂学习做好准备的同时锻炼了自主学习能力和信息收集能力；教师利用互联网搜索与本课主题密切相关的教学资源，作为课堂教学的参考，并确定了教学目标、教学重难点及教学方法。

在教学过程中，教师用余秋雨的散文《苏东坡突围》中的片段导入新课，比较有特色，在帮助学生了解《赤壁赋》在文学史上的地位的同时，激发了学生对作品本身的好奇心。教师在指导学生诵读作品的过程中，引领学生特别注意文章中的押韵词和对偶句，使学生通过诵读了解到“赋”的语言特点，体会到作品的特色以及作者的笔调和手法，感受到作品的声韵之美。教师在引领学生分析文章写作特色时，重点分析了作者所用的对比手法，使学生在学习写作手法的同时，体会到作者通过文字所表达出的情感。两个课时中，教师都安排了一定量的练习，对学生巩固文言文基础知识效果明显。第1课时中教师布置的背诵课文的作业，既可以增强学生的记忆力，又能够提高学生的感悟能力、丰富学生的文化底蕴；第2课时中教师布置的练笔的作业，能够提高学生的书面表达能力，同时有助于学生深入理解作者及其作品。

如果教师能够在课堂教学中进一步放手，给予学生更大的自主学习空间，会更有助于激发学生的学习兴趣、调动学生的学习积极性，进而提高课堂教学效率。

(点评人：辽宁省沈阳市和平区教师进修学校　焦玉琨)

入情入理，论说忠孝之道
——《陈情表》教案及评析

魏少良[①]

教学背景

教学课时：2 课时

教学准备：

1. 学生：按照“自学—导学—共学—检学”的步骤分为四个合作小组，各小组利用工具书、课内资料及互联网查找相关资料，完成课前预习任务，并以一个段落作为主要研究任务，其他质疑则留到课堂上解决。

2. 教师：利用互联网搜索相关资料，制作多媒体课件。

教学目标

1. 熟读全文，掌握重要的文言实词、虚词以及特殊句式。

2. 学习本文以情动人的说服方法及形象精粹的语言。

3. 理解作者进退两难的情感，加深对“孝”的认识。

教材分析

《陈情表》是李密呈给晋武帝的一篇奏章，主旨是申述自己“不就职”“乞终养”的想法。朝廷征召，李密作为蜀汉旧臣，如不应召，则有自矜名节、不与朝廷合作之嫌，但相依为命的祖母老迈，自己不能远离出仕。李密本着以情动人的目的，从法、理、情等不同角度，层层推进，悉心说服武帝体恤下情，使武帝同意他的请求。本文是学习“动之以情，晓之以理”抒情技巧的典型范例，同时有助于学生加深对“忠”“孝”含义的认识，完善自我人格，提升人生境界。

---

① 魏少良，广东省梅州市五华县横陂中学。

教学重难点

1. 掌握重要的古汉语知识。

2. 学习以情动人的说服方法。

3. 理解“忠”“孝”的含义。

教学方法

结合本课的教学内容，参考学生实际，我通过小组合作，把课外预习和课内学习结合起来，充分体现自主、合作、探究的精神。课堂上我巧设教学环节，各个环节设置相应的分数，以此来活跃课堂气氛，激发学生的学习兴趣。本课采用的主要教学方法如下。

1. 点拨法。点拨重要的字、词、句，使学生积累字词。学生质疑讨论时，我进行必要的点拨，特别是讲授一些文言文的学习方法。

2. 诵读法。在反复诵读中，引导学生体会文中蕴含的真挚情感。

3. 质疑讨论法。小组合作讨论，学生质疑，培养思考提问的学习习惯和自主学习能力。

教学过程

第1课时

一、情境导入

师：孝道是中华民族的传统美德。古今留下了许多动人的孝子故事，感动着每一个中华儿女，以下几个故事都是以孝闻名于世。

（出示董永卖身葬父、黄香温席、田世国捐肾救母的故事。）

师：是的，我们都为他们的孝行而感动。今天我们一起来学习一篇以孝著称的文章——晋代李密的名作《陈情表》，看看他的孝心又是怎么体现的。（板书课题）

二、新课教学

1. 预习检测。

要求各小组根据课前的准备工作汇报预习成果。

（1）文体介绍：文言文中的“表”。

完成形式：小组抢答，答对的小组得 1 分。

教师点拨：出示关于表（中国古代文体）的资料。

(2) 作者及创作背景介绍。

完成形式：小组派代表回答，回答最全面的小组得 2 分，其他酌情给分。

教师点拨：出示关于李密及《陈情表》的资料。

(3) 检查字词。

(出示文中易读错的字音。)

终鲜（xiǎn）兄弟　　期（jī）功强近　　常在床蓐（rù）

猥（wèi）以微贱　　岂敢盘桓（huán）　　庶刘侥（jiǎo）幸

完成形式：小组派代表读，读得全部准确的小组得 1 分。

教师点拨：播放录音，同时提醒学生注意体会节奏和感情。

2. 内容梳理。

学生齐读全文后，各小组汇报翻译成果（文言实词与虚词、特殊句式及重点句子的翻译技巧等）。

(1) 第 1 小组汇报第 1 自然段的翻译成果。

完成形式：由第 1 小组组长汇报，师生认真听，对存在的问题做记录，等汇报完后其他小组质疑。汇报得到大家认可的得 1 分。

教师点拨：较难的给予提示，具体引导学生在课外上网查阅。重点引导学生掌握辨认通假字的方法。

授之以渔：辨别通假字。

(出示关于通假字的资料。)

练习：根据方法找出本文中的通假字。

完成形式：根据教师讲解的辨认通假字的方法，讨论并找出本文中的通假字，解释其含义。最先找出且分析正确的小组得 1 分。

教师点拨：

① 夙遭闵凶。(闵，通“悯”)

② 零丁孤苦。(零丁，通“伶仃”)

③ 常在床蓐。(蓐，通“褥”)

④ 臣密今年四十有四。(有，通“又”)

第 1 自然段字词解决后，全班齐读第 1 自然段。

(2) 第 2 小组汇报第 2 自然段的翻译成果。

完成形式：跟第 1 小组的一样。

教师点拨：较难的给予提示，具体引导学生在课外上网查阅。重点引导学生理解“以”字的用法。

授之以渔：理解“以”字的用法。

（出示关于古文中“以”字的用法的资料。）

练习：根据方法找出本文中的“以”字并分析其用法。

完成形式：根据教师讲解的“以”字的用法，找出本文中的“以”字，且分析其用法。最快找出且分析正确的小组得 2 分。（其他虚词要求学生在课外研讨解决）

教师点拨：略。

第 2 自然段字词解决后，第 2 小组齐读第 2 自然段，其他小组认真听。

（3）第 3 小组组长读第 3 自然段后汇报翻译成果。

完成形式：跟第 1 小组的一样。

教师点拨：较难的给予提示，具体引导学生在课外上网查阅。

提问：“但以刘日薄西山”一句怎么翻译？（引出文言文中的省略句）

授之以渔：文言文省略句的判断。

（出示关于文言文省略句的判断的资料。）

练习：找出第 3 自然段中的省略句。

完成形式：根据教师讲解的文言文省略句的判断方法，找出本文中的省略句。最快找出且分析正确的小组得 2 分。（其他特殊句式要求学生在课外研讨解决）

教师点拨：

① 但以刘（如）日薄西山。（省略谓语）

② 且臣少仕（于）伪朝。（省略介词）

（4）第 4 小组齐读第 4 自然段后汇报翻译成果。

完成形式：跟第 1 小组的一样。

教师点拨：较难的给予提示，具体引导学生在课外上网查阅。

提问：“臣不胜犬马怖惧之情”中的“犬马”怎么解释？（引出词类活用——名词做状语）

授之以渔：理解词类活用——名词做状语。

（出示关于名词做状语的资料。）

练习：找出本文中名词做状语的句子。

完成形式：根据教师讲解的名词做状语的相关知识，找出本文中名词做状语的句子。最快找出且分析正确的小组得 2 分。（其他词类活用要求学生

在课外研讨解决）

① 非臣陨首所能上报。（上：向上）

② 臣不胜犬马怖惧之情。（犬马：像犬马一样）

③ 则刘病日笃。（日：一天天）

④ 外无期功强近之亲。（外：在外面）

⑤ 内无应门五尺之僮。（内：在家里）

（5）各小组汇报完后，全班自由读全文，然后总结这 4 个自然段的主要内容，并品味各自然段的感情基调。

完成形式：各小组认真读—个人品味概况—组内交流—代表发言。（对表现最好的小组给予 2 分的奖励，其他酌情给分）

教师点拨、归纳概括。

段落	内容	感情基调
第 1 自然段	自诉家境困顿多舛，祖孙相依为命之状	凄苦、悲凉
第 2 自然段	明写感激朝廷之情，实诉屡不奉诏苦衷	感激、恳切
第 3 自然段	喻之以孝道之大义，明降臣之不矜名节	真挚、诚恳
第 4 自然段	解决忠孝两全矛盾，提出愿乞终养请求	忠诚、恳切

三、课堂总结

1. 总结各组的得分情况。

2. 师：那么作者究竟是怎么打动晋武帝的呢？晋武帝会不会认为这是他为保留名节而坚辞不仕的托词呢？李密是怎样陈述的？为什么要这样陈述？大家先在课外探讨，我们下一节课再来赏读。

四、布置作业

1. 结合教材中的注释，疏通文意，各组交流研讨成果。

2. 查阅资料，理解“忠”“孝”的含义。

第 2 课时

一、引入新课

师：上节课我们通过解决重要的实词、虚词以及特殊句式等了解了全文的大致内容，并且通过诵读品味了作者的感情。这节课我们将在此基础上通过问题探究进一步掌握作者以情动人的说服方法，看看李密是怎样打动晋武帝的。

二、新课教学

学生齐读全文后进入问题探究环节。

1. 出示“弯弓射雕题”（为了初步感知文章而设置的问题）。

（1）是谁陈情？向谁陈情？陈什么情？怎样陈情？（2 分）

（2）在什么情况下陈情？陈情想达到什么目的？（2 分）

（3）李密在陈请“愿乞终养”这个要求时，遇到了什么困难？（1 分）

（4）晋朝对蜀汉旧臣李密是挺看重的。从文中哪些词语可以看出？面对这种情况，李密拒绝的态度是怎样的？（2 分）

完成形式：小组研讨，并整理答案。教师抽小组回答。（回答错误的扣分，回答不完整的小组不得分，但允许其他小组补充）

教师对交流结果进行点评。

2. 出示“雄鹰展翅题”（为了深层次理解文章而设置的问题）。

（1）假设你是晋武帝，李密在提出终养祖母的请求时，你能否用一两句话就把他驳得哑口无言？（2 分，如能用古汉语写出，另加 1 分）

（2）李密最担心晋武帝怀疑他哪一点？他是怎么为自己辩解的？（3 分）

（3）李密最后提出解决孝与忠矛盾的办法是什么？他是怎样提出这个办法的？（3 分）

完成形式：认真研读课文，然后小组讨论并整理答案。讨论完后，小组抢答，教师点评。

教师点拨：

（1）晋武帝可能会说，既然你要终养祖母以尽孝心，为什么在蜀汉你又出来做官呢？（尔既须终养祖母，为何出仕伪朝？）

（2）矜守名节。古代崇尚一种观念——“一臣不事二主”，魏晋文人名士最重气节。晋武帝同样怕李密矜守名节。李密提出“本图宦达—至微至陋—过蒙拔擢—岂敢盘桓”。

（板书）

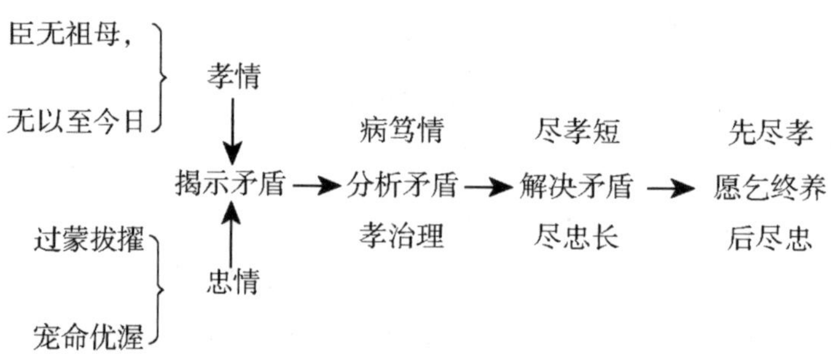

播放歌曲《感恩的心》，师生有感情地朗读课文。

二、拓展提升

出示“咸鱼翻身题”。

（1）精妙绝伦的说服艺术，是李密让皇帝心悦诚服地接受自己的“微志”的关键，那么李密的说服艺术有哪些过人之处？结合实际谈谈你的感受。（6分）

（2）关于“忠”与“孝”，有人认为，这是统治者用于维护自身统治提出的封建思想观念；有人认为，这是中华民族的传统美德，至今仍未过时。请自选角度，谈谈你的看法，可联系古今人物、事件及有关论述。（6分）

完成形式：各小组结合课文认真探讨并整理答案。讨论完毕后，各小组派代表总结观点，教师点评。

教师点拨：

（1）此为实践性问题，鼓励学生独立思考，自圆其说，培养创新意识。

（出示文章《〈陈情表〉的说服艺术赏析》。）

（2）此为开放性问题，针对本文特点、目前忠孝观念日益淡薄的社会环境和构建和谐社会的社会发展需要，通过讨论，引导学生陶冶性情、提高道德修养。

（出示关于孝道文化的资料。）

学生有感情地朗诵课文。

三、课堂总结

总结各组的得分情况，评出优胜小组并给予奖励。

师：通过本课的学习，我们穿越了时空，体会了古人对“孝”的诠释，在学习语文知识的同时，传承了中华民族的传统美德。在今后的生活中，让我们常怀一颗感恩的心，尊敬师长、孝敬父母、服务社会。

四、布置作业

考试在即，你的好友从外地回来想约你叙旧，而你的父母不允许，对此你既想与好友叙旧，又不想违背父母的意思，你准备怎样说服他们？根据本文以情动人的表达技巧写成一段话。

教学反思

反思整个教学过程，我有以下几点感受。

第一，突出学生的主体地位。

课程标准主张以学生为主体，让学生做学习的主人。本课的亮点为促使学生在小组合作交流过程中产生独特的体验、个性化的感悟，有效地培养学生的探究能力，而我则更多地成了组织者和指导者。

第二，巧设教学情境，活跃课堂气氛。

教学方法的转变、教学环节的环环相扣，加上富有个性化、层次感、启发性的问题设置为学生营造了良好的学习氛围。同时我充分利用多媒体教学设备的优势，通过展示相关资料，加深了学生对课文内容的理解，帮助学生理解了“忠”“孝”的含义，实现了学生对文本的理解与欣赏。

第三，注重学生朗读。

古文教学尤其要注重学生的朗读，让学生在阅读中正确断句，读懂文意，读出情感，读出属于自己的感悟，这是我设计教案的出发点和落脚点。本文是一篇情满笔端、措辞恳切的美文。文章委婉得体、悲恻动人，最适宜用诵读法进行教学。在教学中，我采用了师生领读、学生范读、学生速读及默读等形式，通过朗读课文，促使学生感受作者对祖母的拳拳孝心。

第四，注重学生能力的培养。

师生共享的课堂，不是教师教、学生学，而是师生一起分析、一起探索，在阅读和分析中体会作者的情感。教育的最终目标是“树人”，“树人”包括两个方面：一方面要教给人以知识、方法和技巧，另一方面则要注重培养人的道德品质、陶冶人的性情。因此，在教学中，我对知识与能力、情感态度与价值观目标都进行了落实，使学生在学习过程中不但理解了“忠”“孝”的含义，而且掌握了以情动人的说服方法。

在教学过程中，我也发现了一些问题：拓展提升环节难度较大，涉及的范围较广，由于学生的思维较直观，所以如何更好地引导学生分析、归纳、总结，是一个需要思考的问题。

（所获奖项：三等奖）

专家点评

整个教学过程中，教师主要承担了组织者和指导者的角色，同时重视发挥学生的主体作用，教师给予了学生充分的自主学习空间，重视了对学生在学习方法上的指导，既帮助学生掌握了本课所涉及的文言文基础知识，又有效地提高了学生的自主学习能力，同时增强了学生应用网络进行学习的意识。教师所设计的课堂教学活动多样，简单易行，比较有特色。各教学环节衔接紧密，层层递进，过渡自然。教师所创设的教学情境轻松、和谐，使学生在积极主动的学习状态中掌握了“表”这种古代文学体裁的基本特征及主要表现手法，掌握了重点文言词句，加深了对课文内容的理解。教师引导学生通过朗读、默读等多种形式，形成文言文语感，了解作者的语言特色和表达方式，感受文章中蕴含的感情。第2课时中的拓展提升环节，教师选用的《〈陈情表〉的说服艺术赏析》一文切合本课主题，既开阔了学生的视野，又有助于学生深入理解课文。

教师应当注意，适当的课堂导入能够有效地将学生的注意力吸引到课堂学习中，激发学生学习语文的兴趣，有助于学生理解所学内容。课堂导入要注意学生特点、教材特点以及教学时间的要求，围绕课堂教学的主题。在本课教学中，教师选用了三个有关孝子的故事来导入新课，与作品“以情动人”这一主题关系是否密切？会不会占用过多时间？建议教师在实际教学中酌情考虑。

（点评人：辽宁省沈阳市和平区教师进修学校　焦玉琨）

西南师范大学出版社
《青蓝工程》系列丛书目录

系列		序号	书名	主编	定价
学科教案评析系列	小学系列	1	《全国优秀学科教案评析·小学音乐》	教育部教育管理信息中心	38.00
		2	《全国优秀学科教案评析·小学品德与生活（社会）》	教育部教育管理信息中心	32.00
		3	《全国优秀学科教案评析·小学信息技术》	教育部教育管理信息中心	32.00
		4	《全国优秀学科教案评析·小学英语》	教育部教育管理信息中心	32.00
		5	《全国优秀学科教案评析·小学数学》	教育部教育管理信息中心	35.00
		6	《全国优秀学科教案评析·小学科学》	教育部教育管理信息中心	35.00
		7	《全国优秀学科教案评析·小学语文》	教育部教育管理信息中心	32.00
		8	《全国优秀学科教案评析·小学美术》	教育部教育管理信息中心	
		9	《全国优秀学科教案评析·小学体育》	教育部教育管理信息中心	
		10	《全国优秀学科教案评析·小学综合实践活动》	教育部教育管理信息中心	
	初中系列	11	《全国优秀学科教案评析·初中化学》	教育部教育管理信息中心	29.00
		12	《全国优秀学科教案评析·初中物理》	教育部教育管理信息中心	30.00
		13	《全国优秀学科教案评析·初中思想品德》	教育部教育管理信息中心	30.00
		14	《全国优秀学科教案评析·初中历史》	教育部教育管理信息中心	32.00
		15	《全国优秀学科教案评析·初中生物》	教育部教育管理信息中心	30.00
		16	《全国优秀学科教案评析·初中信息技术》	教育部教育管理信息中心	35.00
		17	《全国优秀学科教案评析·初中数学》	教育部教育管理信息中心	30.00
		18	《全国优秀学科教案评析·初中地理》	教育部教育管理信息中心	30.00
		19	《全国优秀学科教案评析·初中英语》	教育部教育管理信息中心	30.00
		20	《全国优秀学科教案评析·初中语文》	教育部教育管理信息中心	
	高中系列	21	《全国优秀学科教案评析·高中思想政治》	教育部教育管理信息中心	
		22	《全国优秀学科教案评析·高中信息技术》	教育部教育管理信息中心	
		23	《全国优秀学科教案评析·高中英语》	教育部教育管理信息中心	
		24	《全国优秀学科教案评析·高中语文》	教育部教育管理信息中心	35.00
		25	《全国优秀学科教案评析·高中历史》	教育部教育管理信息中心	

系列		序号	书　　名	主编	定价
名师新课标落实艺术系列		26	《名师新课标落实艺术：小学语文习作卷》	张文质　周萍	30.00
		27	《名师新课标落实艺术：小学语文阅读卷》	张文质　周萍	30.00
		28	《名师新课标落实艺术：小学语文口语交际与综合实践卷》	张文质　周萍	30.00
		29	《名师新课标落实艺术：小学数学数与代数卷》	黄爱华	30.00
		30	《名师新课标落实艺术：小学数学统计与概率卷》	黄爱华	30.00
		31	《名师新课标落实艺术：小学数学图形与几何卷》	黄爱华	30.00
		32	《名师新课标落实艺术：小学数学综合与实践卷》	黄爱华	30.00
教师专业能力必修系列	小学系列	33	《小学体育教师专业能力必修》	毛振明	28.00
		34	《小学数学教师专业能力必修》	杨玉东　巩子坤	30.00
		35	《小学美术教师专业能力必修》	李力加　章献明	32.00
		36	《小学语文教师专业能力必修》	付宜红	28.00
		37	《小学音乐教师专业能力必修》	金亚文	25.00
		38	《小学英语教师专业能力必修》	鲁子问　王彩琴	25.00
		39	《小学科学教师专业能力必修》	教育部基础教育教材发展中心	25.00
		40	《小学品德、生活与社会教师专业能力必修》	张茂聪　史德志　张新颜	25.00
	初中系列	41	《初中历史教师专业能力必修》	朱汉国	26.00
		42	《初中地理教师专业能力必修》	王民	28.00
		43	《初中数学教师专业能力必修》	杨玉东　黄伟胜	28.00
		44	《初中物理教师专业能力必修》	刘玉斌	25.00
		45	《初中语文教师专业能力必修》	郑桂华	27.00
		46	《初中生物教师专业能力必修》	汪忠	25.00
		47	《初中英语教师专业能力必修》	鲁子问　王彩琴	25.00
		48	《中学体育教师专业能力必修》	毛振明	27.00
		49	《初中化学教师专业能力必修》	刘克文	24.00
	高中系列	50	《高中英语教师专业能力必修》	鲁子问　王彩琴	27.00
		51	《高中历史教师专业能力必修》	朱汉国　陈辉	30.00
		52	《高中地理教师专业能力必修》	林培英	27.00
		53	《高中物理教师专业能力必修》	刘玉斌	27.00

系列		序号	书　　名	主编	定价
教师专业能力必修系列	高中系列	54	《高中数学教师专业能力必修》	杨玉东　王华	27.00
		55	《高中信息技术教师专业能力必修》	张义兵　李艺	27.00
		56	《高中生物教师专业能力必修》	汪忠	25.00
		57	《高中语文教师专业能力必修》	郑桂华	29.00
		58	《高中化学教师专业能力必修》	刘克文	32.00
		59	《高中通用技术教师专业能力必修》	顾建军	35.00